Werner Adelmaier
Michael Wandl

Geschichten erzählen
2 bis 4

So leb(t)en Menschen mit Vorurteilen und Feindbildern

öbv & hpt, Wien
www.oebvhpt.at

In Verlagsgemeinschaft mit:
Ed. Hölzel, Wien
Verlag Jugend & Volk, Wien
www.e-LISA.at

Inhalt

Vorurteile – Feindbilder 3

Mittelalter
Der neue Freund 5
„Überlass uns diese verdammten Ausländer…" 10

Neuzeit / Neueste Zeit
„Tolerant? … das sollten beide Seiten sein!" 15
Der Prozess „Frados" 18
Völkertafel 22
„Können diesmal nicht die Franzosen gewinnen?" 24

Zeitgeschichte
Die Puppe 28
Nur für Weiße 31
Tante Wilma riecht nach Knoblauch 33
Fremde sind Leute 35
Der Griff in den Teller 36
Jossi kann kein Arabisch 39
„Ich hätte viel früher den Mund aufmachen müssen…" 43
Über „die Jugend" 46

Lesetipps 47
Verwendete Literatur 47
Bildnachweis 48

Mit Bescheid des Bundesministeriums für Bildung, Wissenschaft und Kultur vom 22. November 2001, GZ 43.314/3-V/1/01 gemäß § 14 Abs. 2 und 5 des Schulunterrichtsgesetzes, BGBl. Nr. 472/86, und gemäß den derzeit geltenden Lehrplänen und den Lehrplänen 1999 als für den Unterrichtsgebrauch an Hauptschulen und an allgemeinbildenden höheren Schulen für die 2 bis 4. Klasse im Unterrichtsgegenstand Geschichte und Sozialkunde geeignet erklärt.

Dieses Schulbuch wurde auf der Grundlage eines Rahmenlehrplans erstellt; die Auswahl und die Gewichtung der Inhalte erfolgen durch die LehrerInnen.

Schulbuchvergütung/Bildrechte
©VBK/Wien

Bildung und Ausbildung kosten Geld: die Familie und die Gesellschaft. Die Schülerinnen und Schüler erhalten die Schulbücher von der Republik Österreich aus den Mitteln des Familienlastenausgleichsfonds.
Bücher helfen nicht nur beim Lernen, sondern sind auch Freunde fürs Leben.

SchBNr. **105266**

Geschichten erzählen 2 bis 4: Vorurteile

öbv & hpt, Wien

1. Auflage 2002

1. Auflage 2002 (1,00)
© öbv & hpt Verlagsgesellschaft mbH & Co. KG, Wien 2002
Lektorat: Dr. Ingrid Bernscher, Wien
Umschlag: Gerhard Kuebel, Graz
Hersteller: Manz Crossmedia, 1051 Wien
Printed in Austria
ISBN 3-209-**03525**-3 (öbv & hpt)
ISBN 3-12-**290020**-3 (Klett)

⚠ **Kopierverbot**

Wir weisen darauf hin, dass das Kopieren zum Schulgebrauch aus diesem Buch verboten ist – § 42 Absatz (3) der Urheberrechtsgesetznovelle 1966: »Die Befugnis zur Vervielfältigung zum eigenen Schulgebrauch gilt nicht für Werke, die ihrer Beschaffenheit und Bezeichnung nach zum Schul- oder Unterrichtsgebrauch bestimmt sind.«

Vorurteile – Feindbilder

VORURTEIL:
Was sind Vorurteile?
... Einstellungen und Urteile einem Menschen oder einer Menschengruppe gegenüber, die auch trotz gegenteiliger Erfahrungen oder Informationen beibehalten werden.

Wie kann man Vorurteile überwinden?
Da Vorurteile nicht angeboren sind, sondern erlernt werden, können sie auch wieder ver-lernt werden. Doch erst wenn man sie erkennt, kann man lernen, sie abzubauen. Das fällt oft sehr schwer. „Es ist leichter ein Atom zu zertrümmern als ein Vorurteil." A. Einstein

FEINDBILD:
Was ist ein Feindbild?
Feindbilder sind die aggressivste Form von Vorurteilen. Sie betreffen immer einen bestimmten außenpolitischen, innenpolitischen oder einen persönlichen Feind. Sehr oft lenken Feindbilder von eigenen Problemen ab. Sie führen zu Gewalt und Krieg.
Feindbilder können überwunden werden.

Wie kann man Feindbilder überwinden?
Auch hier gilt in erster Linie: Sie müssen erkannt werden. In weiterer Folge sollten sie entkräftet und durch Handeln korrigiert werden.

FEINDBILD
Die?
Tückisch!
Gottlos!
Angriffslustig!
Skrupellos!
Unaufrichtig!
Steht in allen Zeitungen zu lesen.
Kurz: böse.
Wir nicht.
Die!

● *Zwei Karikaturen, ein Gedicht und ein Witz zum Thema: Vorurteil und Feindbild.– Was sagen sie aus?*

„Papi, welche sind die Friedliebenden ...?"

„Ui – schau, was die auf dem Kopf habn ..."

ZUM LACHEN?
Zwei Mühlviertler/Ostfriesen/Burgenländer überprüfen einen Pkw auf seine Verkehrssicherheit.
„Abblendlicht einschalten!" – „Geht!"
„Fernlicht einschalten!" – „Geht!"
„Bremslicht!" – „Geht!"
„Rechter Blinker!" – „Geht! – Geht nicht! – Geht! – Geht nicht! ..."

Vorurteile und Feindbilder haben in der Geschichte und leider auch noch in der Gegenwart häufig zu Gewalt und Krieg geführt.
Die folgenden Erzählungen berichten über das große Leid, das durch Vorurteile und Feindbilder angerichtet wurde.

Der neue Freund

Ende des 12. Jahrhunderts, zur Zeit der Kreuzzüge, besiegen die Moslems in Spanien die Christen. Der dreizehnjährige Knappe Liuthar von Sahleck (geb. 1181) gerät in Gefangenschaft und wird auf dem Sklavenmarkt von Cordoba verkauft. Er hat Glück im Unglück, denn er kommt in das Haus des aufgeschlossenen moslemischen Kaufmanns Ahmad al-Qasim und dessen jüngstem Sohn Zaid (geb. 1181). Aufgrund von Vorurteilen und Feindbildern herrscht zwischen Liuthar und Zaid anfangs großes Misstrauen.
Gelingt es den beiden Jugendlichen über alles Trennende hinweg, friedlich miteinander auszukommen und letztlich Freunde zu werden?
Viele Erwachsene der damaligen Zeit waren dazu nicht fähig ... Denke an die vielen Opfer der Kreuzzüge ...

Liuthar und Zaid

„Zaid beachtet mich nicht, weil ich Sklave und Ungläubiger bin."
„Das sind wohl die Gründe", bekannte Ahmad. „Zaid ist jung."
„Ich glaube, dass ich ihn verstehe. Ich bin so jung wie er."
„Habe ich, hat irgendeiner in diesem Hause dir verboten zu deinem Gott zu beten? Hat man versucht dich zu bekehren? Wir Araber dulden Andersgläubige, Liuthar!"
„Ich habe gelernt es zu wissen."
„Ist es wahr, dass du ein Adliger in deinem Volke bist?"
„Ja."
„Weißt du, dass auch wir ritterliches Verhalten kennen?"
„Ich habe meine Meinung über dein Volk schon sehr geändert, Herr."
„Wie denkst du über uns?"
Liuthar dachte nach, um das, was er sagen wollte, richtig ins Arabische zu bringen.
„Ich bewundere euch in vielem. Nie

Marrakesch
Stadt in Marokko, am Rand des Hohen Atlas
Muslim
Arab.: „der sich (Gott) Ergebende"
Nasrani
Arab.: Christ

Eine Seite aus dem Koran

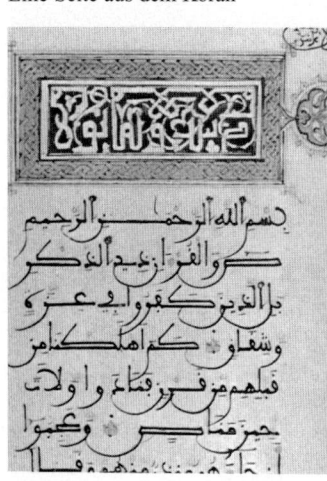

sah ich so prächtige Häuser und Städte. Ihr seid reich und weise. Alles ist ein Wunder für mich."
„Würde es uns nicht auch so gehen, wenn wir als Fremde zu euch kämen?"
„Ich weiß nicht, Herr."
„Ich weiß einiges über euer Rittertum, Liuthar, und das wollte ich dir noch sagen: Es bedeutete die Erfüllung eines hohen Strebens. Und alles tut ihr zu Ehren eures Gottes. Ich achte das sehr und ich glaube, dass es sehr wichtig ist, ein solches Leben zu leben. Allahs Segen sei über dir, Liuthar."
Ahmad al-Quasim ging und Liuthar wusste, dass sein Herr wieder nach *Marrakesch* reisen würde. Er lächelte, nun sah alles anders aus nach diesem Gespräch. Ahmad war kein Feind Gottes. Er war zwar ein *Muslim,* aber er hatte Achtung vor dem Gott der Christen.
„So wie er hat mein Bruder oder Liudolf von Wettin nie über die Ungläubigen gesprochen. Wir sind nicht so duldsam wie sie", stellte der Junge fest.
Das erste Zusammentreffen zwischen Zaid und Liuthar endete nicht so, wie Ahmad es sich erhofft hatte. Zaid kam vom Unterricht aus der Koranschule, Liuthar von seinen Sprachübungen.
Die Treppe war eng und sie mussten dicht aneinander vorbei. Sie blieben zögernd stehen und musterten sich. Welten lagen zwischen ihnen und trennten sie. Für Liuthar gab es hier nur einsame Tage unter Menschen, die er nicht verstand und die ihn nicht begriffen. Hier betete man einen fremden Gott an, hier lernte er nur mühevoll sprechen in diesen seltsam klingenden Worten, die er doch nie richtig nachahmen würde, hier hatte er seit Monaten keinen mehr, dem er sich richtig anvertrauen konnte, hier brannte das Heimweh so stark wie nie zuvor. Es war unendlich schwer, mutig zu sein und glücklich.
Und Zaid? Der Junge wusste, dass er den Anfang machen musste, wenn er mit dem Fremden sprechen wollte. Aber für Zaid stand fest, dass jener nicht an Allah und den Propheten glaubte, und er war nun einmal nicht für Duldung eines fremden Irrglaubens. Da der *Nasrani* hier lebte, sollte er auch den wahren Glauben annehmen.
„Mein Vater wünscht, dass wir zusammen sprechen", sagte Zaid. „Ich gehorche meinem Vater!"
Liuthar lächelte, Zaid aber blieb ernst und musterte Liuthar kalt. Er wollte keine Herzlichkeit aufkommen lassen zwischen sich und dem Nasrani.
„Ich spreche nicht gut Arabisch," erwiderte Liuthar, „ich lerne aber jeden Tag."
„Du musst noch viel lernen."
„Ich weiß."
„Ihr Nasrani könnt überhaupt noch viel lernen von uns. Man sagt, euer Land ist unserem in allem sehr unterlegen."

„Wir haben Städte und Reiche wie ihr!"
„Eure Städte sind arm gegen die unsrigen, eure Reiche schwach gegen die der Muslims."
„Nein, Zaid. Unser König in Deutschland ist sehr mächtig, denn er ist der Kaiser der Römer..."
„Und seine Bedeutung verblasst vor dem Ruhm und Glanz des Beherrschers der Gläubigen!"
„Nein!"
„Doch, es ist so, ich weiß es!"
Da sprach wieder der Geist der Zeit aus den beiden Jungen, der Muslims und Christen um den wahren Glauben kämpfen ließ mit Worten und Waffen. Die Augen der beiden blitzten und sie redeten sich in Hitze.
„Du wirst bald Muslim werden, Nasrani, wenn du siehst, dass unser Glaube der richtige und deiner der falsche ist!"
„Nie, denn ich bin Christ und unser Glaube ist der wahre, einzige!"
„Das sage nicht wieder! Allah herrscht in diesem Haus!"
Sie wurden weiß und rot im Gesicht. Sie hassten sich in diesem Augenblick.
„Die Schlacht von Alarcos war doch ein Urteil Gottes!", warf Zaid ein.
Liuthar schwieg, denn er selbst hatte sie ja auch als ein Urteil Gottes angesehen und diese Entscheidung nicht verstanden. Damals hatte er an der Leiche seines Herrn Liudolf von Wettin dem betenden Heer der Muslims trotzig das Vaterunser entgegengeschleudert.
„War es nicht ein Urteil Gottes, Ungläubiger?"
Liuthar ballte die Faust. Er sah den Triumph im Gesicht des Gleichaltrigen. Das Gefühl, fremd und einsam zu sein, kam unbändig hinzu.
„Ich habe gewonnen", jubelte Zaid, „denn du hast nichts mehr zu sagen. Ich habe über dich gesiegt!"
Liuthar fühlte die Bitterkeit. Er stotterte vor Erregung, machte Fehler über Fehler, aber Zaid verstand dennoch.
„Es war ein Urteil Gottes, du hast Recht," höhnte Liuthar. „Der *Kalif* musste nämlich trotz des Sieges Spanien verlassen und das war auch der Wille Gottes!"
„Der Kalif hätte Spanien niedergeworfen vor Allah, wenn er nur gewollt hätte!"
„Spanien! Hinter Spanien liegt das Reich unseres Kaisers. Wir hätten euren Kalifen in das Meer geworfen!"
„Niemals, denn ihr wärt vor Allah im Staube gekrochen!"
„Das Kreuz hätte euch auf die Knie gezwungen!" Beide zugleich taten den ersten Schlag und dann verprügelten sie sich verbissen und unbarmherzig, um auszumachen, wer der Stärkere war. Da christliche und muslimische Ritter sich um ihres verschiedenen Glaubens willen bekämpften – so hieben auch Zaid und Liuthar mit den Fäusten

---

Kalif
Arab.: Stellvertreter, Nachfolger; der weltliche und geistliche Herrscher im Islam
Er führt auch den Titel „Fürst" oder „Beherrscher der Gläubigen".

aufeinander ein. Wer hier der Stärkere war, der hatte auch Recht, das war ihr gemeinsamer Gedanke und ihre gemeinsame tiefste Überzeugung. Sie fielen ineinander verklammert die Treppenstufen hinunter und schlugen sich dabei auf den Fliesen die Knie blutig ohne es zu merken. Sie verfügten beide über die gleichen Kräfte, und obwohl sie bis zur Erschöpfung rangen, behielt niemand entscheidend die Oberhand. Jeder beanspruchte für sich den Ruhm, den anderen bezwungen zu haben, und sie beschimpften sich von neuem. Voll Hass trennten sie sich schließlich, kühlten ihre Wunden und richteten sich wieder her, so gut es ging.

Zaid lobte sich, denn er hatte dem Ungläubigen gezeigt, wer Herr war in diesem Haus. Und Liuthar? Er war stolz darauf, sich behauptet zu haben in der feindlichen Umgebung.

Zaid hätte es gerne gesehen, wenn der Sklave bestraft worden wäre, aber bei wem würde er Verständnis finden?

Sein Vater war fern und wäre bestimmt erzürnt, wenn er von dem Vorfall erführe. Aber es war nicht seine, Zaids, Schuld, dass es so gekommen war. Er hatte nur seinen Gott verteidigt vor der Dreistigkeit des Fremden, natürlich war er es, der gesiegt hatte.

Liuthar erwartete harte Strafe, er wollte sie ertragen. Er würde handeln wie ein Ritter, wann immer es sein musste. Er hatte seinen Gott bewahrt vor den Lästerungen des Ungläubigen und schließlich hatte er ja auch über Zaid triumphiert.

Selbstzufrieden verbrachten sie den Nachmittag, am Abend jedoch begannen sie den Vorfall zu überdenken und da kam bei beiden Reue auf, auch wenn sie es zuerst nicht wahrhaben wollten.

„Hätte ich ihn doch nicht so hochmütig behandelt – ich wollte es doch nicht," sagte Zaid zu sich selber, „mein Vater erzählte mir doch, dass er ein Edler in seinem Volk ist. Es ist bitter für ihn, Sklave zu sein. Und sagt der Prophet nicht auch Vorteilhaftes über die Christen? Dieser Liuthar kann sowieso nichts dafür, dass er Christ ist. Seine Eltern haben ihn so erzogen. Ich

Die Moschee von Cordoba (Südspanien) ruht auf 860 Säulen. Cordoba hatte unter muslimischer Herrschaft um 1000 n. Chr. 800 000 Einwohner, 260 000 Häuser und Paläste mit Gärten und Brunnen, 700 öffentliche Bäder, gepflasterte Straßen mit Gehwegen und Beleuchtung und eine Wasserleitung.

würde gerne sein Freund werden. Aber er muss kommen und sich mit mir aussöhnen. Ich will nicht der Erste sein, der es tut."

„Ich hätte ihn verstehen müssen," dachte Liuthar. „Sein Vater kann ihm Freundschaft zu mir nicht befehlen. Ich hätte begreifen müssen, dass er sich als Herr fühlt, weil ich doch nur Sklave bin. Er weiß ja nicht, dass auch ich Sohn eines Ritters bin. Und sagt Christus nicht, auch die Feinde soll man lieben? Er kann ja nicht Christ sein, weil hier alle Muslims sind, vor allem sein Vater und seine ganze Familie und sein Volk . . . Ich wollte, wir wären Freunde. Aber jetzt kann ich nicht mehr zu ihm gehen. Er muss es tun. Dann will ich ihn sogar um Verzeihung bitten."

Und da sie beide jung waren, drückten sie ihr Gesicht in die Kissen und waren sehr unglücklich.

„Was gab es zwischen Zaid und dir?", fragte Ahmad, als er von seiner Reise zurückkehrte.

„Wir prügelten uns", sagte Liuthar, „es war meine Schuld."

„Das behauptet Zaid auch von sich. Worüber habt ihr euch eigentlich in den Haaren gehabt?"

„Über unsere Religionen und um den Vorzug unserer Herrscher, des Beherrschers der Gläubigen und des römischen Kaisers."

Ahmad konnte ein Lächeln nicht verbergen.

„Ihr sollt euren Glauben ruhig verteidigen, aber dabei den des anderen achten."

„Ich lerne es langsam", sagte Liuthar leise.

„Auch Zaid muss es erst lernen. Der erste Schritt zur Versöhnung zwischen euch wird ihm gut tun!"

„Mir würde es auch gut tun, wenn ich den Anfang machte . . ."

„Ich überlasse die ganze Sache euch", sagte Ahmad.

Liuthar machte einen riesigen Freudensprung, als Ahmad sein Zimmer wieder verlassen hatte.

„Bald wird Zaid mein Freund und Kamerad sein", dachte er und war sehr glücklich.

- *Zwischen Liuthar und Zaid herrscht Misstrauen aufgrund von Vorurteilen und Feindbildern. Was hat zur Überwindung beigetragen?*
- *Wie gestaltet sich das Zusammenleben von Moslems und Christen heute: – in der Welt? – in Österreich? Denke auch an die Ereigisse in New York am 11. September 2001.*
- *Ordne die folgenden Begriffe dem Christentum und dem Islam zu. Einige Begriffe haben die beiden Religionen gemeinsam!*

Glaube an einen einzigen Gott, Jerusalem als heilige Stadt, Gott hat die Welt erschaffen, Jesus ist Gottes Sohn, Jesus ist ein Prophet, Gebet / Almosen / Fasten, Koran, Kathedrale, Moschee, Taufe, Kreuz, Ramadan, Evangelium.

„Überlass uns diese verdammten Ausländer..."

Nördlinger Ries
Fruchtbare Einsenkung zwischen der Schwäbischen und Fränkischen Alb mit der Hauptstadt Nördlingen

Das Nördlinger Ries im 13. Jahrhundert ist der Schauplatz des Romans „Unter Gauklern" von Arnulf Zitelmann.
Martis, der bucklige Schafsjunge eines Klosters, wird verdächtigt, mit einer Frau, die später als Hexe verbrannt wird, in Verbindung zu stehen. Er flieht aus dem Kloster und schließt sich Gauklern an. Er trifft Linori, ein Mädchen vom Stamm der Roma. Er verliebt sich in sie und hilft ihr bei der Suche nach ihren Eltern. Sie ziehen nach Regensburg, wo es ihnen gerade noch gelingt, Linoris Familie vor einer Verurteilung zu retten. Nachdem Linori heimkehrt, zieht Martis allein als Gaukler in die Welt.

Linori und Martis

Draußen auf dem *Stadtanger* drängten sich die Regensburger.
Hoch über den Köpfen stachen die Speerspitzen der Wachen in die feuchte Luft. „Was macht der *Notar* Äzelin noch große Worte!", grollte neben uns ein Mann. Er drohte mit der Faust über die Menge und schrie: „Verdammtes Ausländerpack! Mein ganzes Dinkelfeld am Prebrunn haben sie im Herbst abgeräumt."
„Recht habt Ihr, Meister", bestätigte neben ihm ein schlaksiger Junge. „Aber diesmal haben wir sie erwischt! Unser Rat wird das Gesindel mitsamt seinen Hunden am Galgenholz aufknüpfen."
Ich schaute mich um nach Linori. Sie war verschwunden!
Ich zwängte mich durch die Menge, wurde mit Rippenstößen und bösen Blicken bedacht. Noch ehe ich bis zu den Wächtern gekommen war, erblickte ich sie. Das Mädchen war offenbar unter den Armen der Wächter hindurchgelaufen und

umklammerte jetzt einen von drei braunen Männern, die gefesselt bei ihren Karren standen.
Eine Frau mit blauschwarzem Haar kam zwischen den Wagen hervorgeschossen und warf sich auf Linori. Der Bürger mit dem vornehmen Schultermantel in der Mitte des Angers winkte mit der Schreibrolle eine der Wachen herbei und wies auf das Mädchen. „Schafft Ruhe dahinten", befahl er. Er wandte sich wieder der Menge zu und erklärte: „Also, zur Sache! Ihr Bürger bringt vor, diese Ausländer seien Kundschafter einer fremden Macht."
„Äzelin", schrie ein Mann in der vordersten Reihe aufgebracht, „bist du Notar des Bürgerrats, um Reden zu halten? Überlass uns diese verdammten Ausländer, wir machen Krenfleisch aus ihnen!"
Pfiffe und johlender Beifall kamen aus der Menge. Ich konnte mich vor Entsetzen nicht fassen. Was hatte der Stadtnotar gesagt? Der Auskundschaftung sollten die *Roma* bezichtigt werden?
„Also", fuhr der Stadtnotar mit erhobener Stimme fort, „der Bürger Diepold hat dem Rat zu Protokoll gegeben, er habe im Vorjahr mit seinen Schnittern bei einem großen Gewitter gesehen, dass sich aus dem Gewölk ein großer Mann in den Acker herabließ, worauf alle Garben in einem großen Wind oder Feuer aufgehoben und weggeführt wurden."

„Hier bin ich", meldete sich eine Stimme hinter mir. „Ja, das habe ich gesehen, und der Schreiber hat es nach meinen Worten aufgesetzt. Ich bin ein unbescholtener Bürger und verlange, dass mir Recht geschaffen wird!"
„Langsam, Diepold", fuhr der Notar fort. „Da sind noch andere Bürger und Stadtleute, die vor dem Rat als Zeugen aufgetreten sind."
Sie widersprechen sich in mehreren Punkten. Folgende Anschuldigung steht jedoch übereinstimmend fest: Es gibt ein Land namens *Magonia*, das zu uns seine Späher schickt. Sie kundschaften unsere Weinberge, Felder, Gemüse- und Obstgärten aus. Zur Erntezeit kommen die Magonier dann selbst mit Luftschiffen hierher gefahren. Sie verursachen Hagelschläge, Gewitter und Stürme und schlagen unsere Ernte zu Boden. Die abgeschlagenen Früchte laden sie in ihre Luftfahrzeuge und entführen uns die Nahrung. Diepold und die übrigen Ankläger erklären nun, jene Ausländer drüben bei den Karren stünden im Dienst jener auswärtigen Macht. Dann wären diese Fremden also Kundschafter, die durch die Regensburger Lande reisen, um unsere Liegenschaften auszuspähen.
„Komm zu Ende, Äzelin", schrie es erneut aus dem Haufen der Regensburger. Die Wächter hielten nur noch mit Mühe die Menge in Schach.

Rom, der (Sg), die Roma (Pl.)
Abwertend „Zigeuner"
Im Hochmittelalter kommen zum ersten Mal Sippen der Roma vom Balkan in westeuropäische Länder. Ihre ursprüngliche Heimat ist Indien. Sie selbst nennen sich das Volk der Rom und geben als ihr Herkunftsland Ägypten an. Erst im späten Mittelalter und mit Beginn der Neuzeit erklärt man die „Zigeuner" Europas zu Freiwild. Sie fielen Hitlers „Säuberungsprogramm" zum Opfer. Man rechnet mit einer halben Million KZ-Opfern.
Anger
Grasplatz im Dorf, Wiese
Notar
Ein vom Staat bestellter Jurist, der z. B. die Echtheit von Dokumenten bestätigt
Magonia
Der Traum vom Fliegen war auch schon im Mittelalter bekannt.

maurisch
Der Maure: nordafrikanischer bzw. spanischer Araber

Nördlinger Ries

Äzelin rollte das Pergament zusammen und hob die Hand. „Leute", beschloss er seine Ausführungen, „nun habe ich diese drei Männer dort verhört. Doch sie verstehen unsere Sprache nicht. Ein Pater von St. Emmeran hat es auf Lateinisch mit ihnen versucht, ein Jude hat sich vergeblich bemüht, ein Kaufmann aus Granada, der sich zur Zeit geschäftlich in unserer Stadt aufhält, hat sie mit *maurischen* Worten angesprochen. Alles ohne Erfolg! Der Rat hat wirklich nichts unversucht gelassen, Licht in diese Sache zu bringen. Wie soll nun euch, beziehungsweise diesen Leuten Recht geschehen, wenn sie sich nicht verteidigen können?"

„Wir schaffen uns selber Recht, Herr Stadtnotar" brüllte in der vordersten Reihe ein Mann. Die Wache drehte sich wortlos nach dem Schreier um und versetzte ihm ungerührt einen Hieb ins Gesicht. Ich hatte mich zu einem der Wächter durchgeschoben und bat ihn hastig: „Lass mich zum Notar, ich weiß, wer diese Leute sind. Ich verstehe Worte ihrer Sprache!"

Ich rannte auf Äzelin zu. „Herr", rief ich im Lauf, „ich verstehe die Sprache von ihnen. Ich kann übersetzen!"

Keuchend stand ich vor dem Notar, der mich ungehalten musterte. Da war mit einem Mal Linori neben mir und schluchzte. „Martis, was will der Herr von meinem dad und seinen Brüdern? Was will er mit ihnen machen?"

„Du kennst dieses Mädchen", fragte der Notar nun mit amtlicher Stimme, „und sie gehört zu diesen Leuten?"

„Ja, Herr", antwortete ich, „sie war

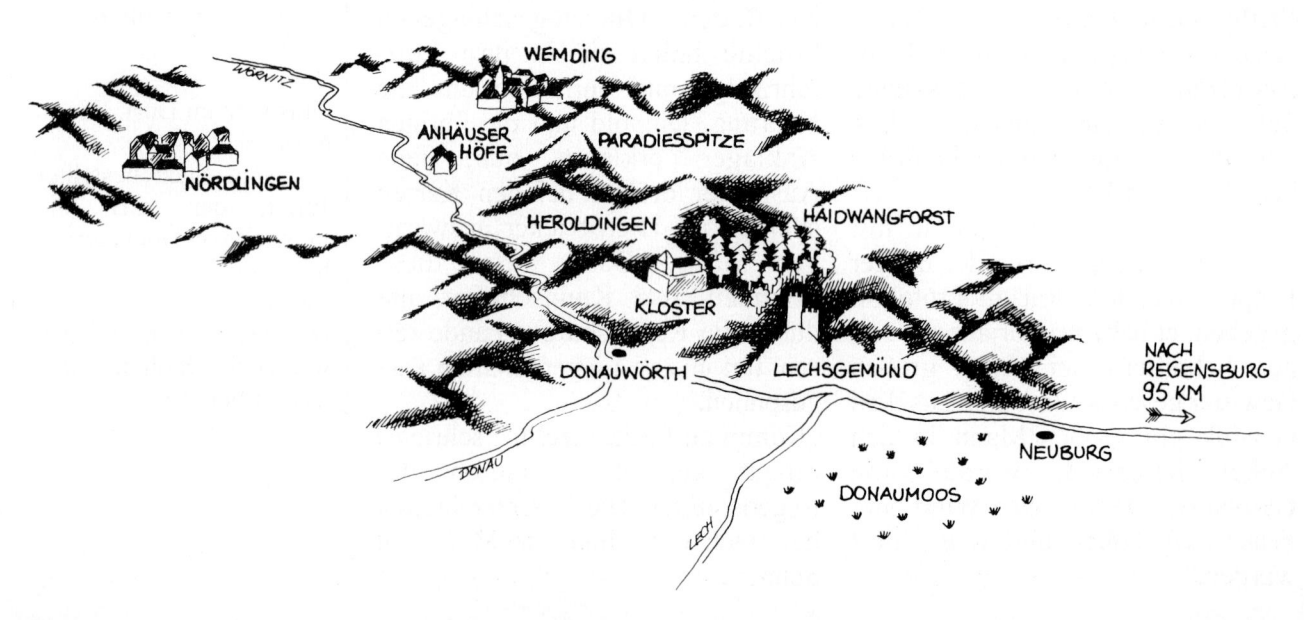

verschleppt, dann haben wir zusammen ihre Eltern gesucht. Jetzt hat sie ihre Leute vor Eurer Stadt endlich gefunden."

„Also, Junge, dann geh und frage die Männer, was sie im Regensburger Land wollen!", hieß mich der Notar. Er rief zu der Menge hinüber: „Dieser Junge wird mit ihnen reden, und dann werden wir weitersehen!"

Äzelin schritt mit mir zu den Karren und zwei Wächter folgten. Linori redete sprudelnd auf die Gefesselten ein, fasste den Mann mit dem roten Ohrring beim Arm und erklärte: „Martis, das ist mein Vater. Er wird mit dir reden. Ich werde dir helfen, dass du verstehst!"

Der Rom begann leise zu sprechen, Linori warf zwischendurch ein Wort ein, nickte, fragte zurück und übersetzte. Schließlich hatte ich die Geschichte zusammen. Dann standen wir wieder vor der Menge. Der Notar gab ein Zeichen und erklärte: „Der Bursche hier wird uns nun mitteilen, was die Ausländer vorgebracht haben. Nun denn, Junge, fang an!"

„Es sind Leute vom Volk der Roma", begann ich. „Büßer sind sie, Pilgerleute. Einst in biblischen Zeiten wohnten sie in Ägypten. Damals flüchtete sich auch die Mutter des kleinen deloro dorthin. Sie meinen damit", erklärte ich den Regensburgern, „Unsere Liebe Frau und ihr Kind. Herodes, der Kindermörder, stellte ihnen nach. In Ägypten suchten die beiden Schutz bei dem Volk der Roma. Doch die verweigerten Unserer Lieben Frau die Hilfe. Wegen jener Hartherzigkeit der Vorfahren liegt nun bis heute der Fluch einer siebenjährigen Wanderschaft auf ihnen. Ihr Weg führte die Roma auch in die deutschen Lande. Sie seien jetzt im Begriff, auf dem Weg über eure Stadt die Donau wieder abwärts zu ziehen."

Der Notar wandte sich an die Regensburger: „Wenn der Junge Recht hat, können wir die Geschichte mit dem Land Magonia vergessen. Pilger sind unserer Stadt jederzeit willkommen!"

Die Menge murmelte. Einzelne Stimmen riefen: „Aber wer weiß, ob das stimmt, was der Junge da sagt. Er kann uns viel erzählen! Wer ist der Junge überhaupt? Ist er aus unserer Stadt?"

„He, Bursche", rief Äzelin zu mir hinüber. „Bist du von hier? Und wie heißt du?"

„Herr, ich komme aus dem Schwäbischen, und mein Name ist Martis!", gab ich Bescheid.

Ein weißhaariger Mann mit pelzbesetztem Schnurmantel war inzwischen von den Wächtern vorgelassen und zu dem Stadtnotar geleitet worden. Er besprach sich leise mit Äzelin und drehte sich dann um zu der Menge. Seine Stimme klang ruhig. „Bürger", sagte er, „ihr kennt mich. Ich verbürge mich für die Worte dieses Jungen. Er und das

Stollenloch
Gefängnis
Rakl, Goltfuz
Namen zweier Gefangener

- Welche Vorurteile gegenüber den Fremden werden in dieser Erzählung deutlich?
- Welche Bedeutung hat die Angst der Bevölkerung für die Entstehung von Vorurteilen in dieser Erzählung?
- Wie erklärst du den raschen Gesinnungsumschwung der Menge?
- Sprecht über den Mut des Jungen.
- Welche Probleme haben Minderheiten (z. B. Roma und Sinti) heute in Europa?

Mädchen dort haben mir das Leben gerettet!"
Ich starrte den Mann an und begriff überhaupt nichts mehr. Dann erkannte ich ihn. Es war Zanner! Freilich ein anderer Zanner als der im Lechsgemündener *Stollenloch*! Aufrecht und sicher kam er auf uns zu. „Kommt", sagte er, „dass wir dieser Sache ein Ende machen!"
Linori und ich standen aneinandergedrückt neben dem Kaufmann. Zanner legte seinen Arm um mich und erklärte den Regensburgern: „Dieser Junge hat mit mir beim Lechsgemündener im Loch gesteckt, wo der Graf den *Rakl* und *Goltfuz* zu Tode geschunden hat. Dieser Junge sprach mir Mut zu, fütterte mich, schaffte mit seinen Händen meine Arbeit mit. Wäre er nicht gewesen, ich hätte unsere Stadt nie wiedergesehen. Dieses fremde Mädchen aber hat mich im brennenden Burghof unter Gefahr für Leib und Leben aus dem Schacht geholt. Bürger, ich verbürge mich mit meinem ehrlichen Namen für diese beiden!"
Das ließ die Stimmung in der Menge jählings umschlagen. Die Regensburger jubelten und hätten vor Begeisterung bald die Wachen überrannt. Der Notar schaffte es gerade noch, sich ein letztes Mal Gehör zu verschaffen. „Leute", rief er, „geht nach Hause, berichtet in der Stadt! Sagt den Leuten auch, dass unsere Stadt den Pilgern Schutz- und Geleitbrief ausstellen und sie nicht ohne Wegzehrung weiterziehen lassen wird!"
Die ersten Frauen und Männer hatten schon im vollen Lauf die Brücke erreicht, und die Menge drängte ihnen nach. Zanner sah uns beide an und lud uns in sein Haus, am Platz vor St. Emmeran. „Jeder wird euch den Weg weisen", sagte er lächelnd.

———— * ————

Zeitungsnotiz:
Günter Grass, Literatur-Nobelpreisträger, hat sein neues Buch „Ohne Stimme, Reden zu Gunsten des Volkes der Roma und Sinti" in Göttingen vorgestellt. „Die Roma und Sinti sind die größte Minderheit in Europa, aber sie sind stimmlos", sagte der Schriftsteller und forderte für die Volksgruppe eine Vertretung im Europa-Parlament.
„Die Presse", 3. Dezember 2000

„Tolerant? ... das sollten beide Seiten sein!"

In der Reformationszeit mussten die Protestanten von den Katholiken viel erdulden. Waren aber die Protestanten in der Mehrheit, dann handelten viele auch nicht besser ...

Hans Kellinghusen blieb hartnäckig. „Ihr könnt Euch doch zumindest anhören, was er zu sagen hat", meinte er. „Ein bisschen Toleranz steht einem Handelsherrn gut an!"
„Du Grünschnabel", erwiderte Diedrich Kellinghusen erbost. „Sag du mir, was Toleranz ist! Was sind das für Zeiten, wo die Jungen die Alten belehren!"
„So war es nicht gemeint, Vater", lenkte Hans ein. „Ich wollte Euch doch nicht belehren. Aber ich glaube, Euch entgeht was, wenn Ihr von vornherein ablehnend seid. Glaubt mir, in Wittenberg ..."
„Ach was, Wittenberg! Das hat man nun davon, dass man euch in die Welt zum Studieren geschickt hat. Dann kommt ihr wieder nach Haus und wollt alles umkrempeln. Aber gut, du sollst deinen Willen haben. Zumindest eins hast du geschafft, dass ich neugierig geworden bin!"
Am Nachmittag machten sich Vater und Sohn Kellinghusen auf den Weg zur Nikolaikirche. Von der *Förde* her blies ein kalter Wind und es nieselte. Bald bereute Diedrich seine Zusage.
„Mensch, wär' ich bloß in der warmen Stube geblieben", schimpfte er, „bei dem Wetter jagt man ja keinen Hund aus dem Haus!"
„Vater, schimpft nicht, nun ist es zu spät!", meinte Hans, und dagegen ließ sich wenig sagen, also stapfte der alte Kellinghusen missmutig neben dem jungen her. Bald hatten sie den Südermarkt überquert und näherten sich dem Kirchplatz von St. Nikolai. Eine Menge Leute hatten sich dort bereits versammelt.
„Das versteh' ich nicht", brummte Kellinghusen. „Warum gehen sie nicht rein bei dem Mistwetter? Kalt ist es zwar in der Kirche auch, aber wenigstens trocken!"
Er beschleunigte seine Schritte, als er einen alten Freund entdeckte.
„He, Lütke, sag mal, warum geht ihr nicht rein?"
„Das ist schnell erklärt", lautete die missmutige Antwort. „Der Priester hat die Tür zugesperrt und will um nichts in der Welt aufmachen. ‚Ein *Ketzer* kommt nicht in meine Kirche', hat er gesagt."
„Na, so was!" Diedrich Kellinghusen regte sich ordentlich auf. „Ist das tolerant? Man kann doch die Leute nicht im Regen stehen lassen, nur weil sie sich einen reformierten Prediger anhören wollen! Also das ist wirklich ein starkes Stück! Aber

Förde
Meeresbucht, die tief ins Land reicht
Ketzer
Menschen, die von Glaubensauffassungen der Amtskirche abwichen

- *Der Prediger sagt: „Es macht mich traurig, dass das immer bloß mit Gewalt geht, wenn sich die alte und die neue Lehre begegnen." Welchen Lösungsweg versucht er selbst?*
- *An den beiden Karikaturen siehst du, wie sowohl Protestanten als auch Katholiken den Gegner mit Vorurteilen belastet darstellen und dadurch Feindbilder erzeugen. Versuche, die Bilder zu beschreiben und zu deuten, was sie aussagen sollten.*

wenn er meint, der Priester, dass er mich damit abschrecken kann, dann hat er sich verrechnet. Nun bleib' ich gerade da, und wenn es Bindfäden regnet!"

Er rückte sich den Hut zurecht, zog den Mantel fester um die Schultern, winkte seinen Sohn neben sich und harrte der Dinge, die da kommen sollten.

Nach kurzer Zeit merkten die beiden, dass sich die Augen aller Menschen erwartungsvoll zum Kirchenportal wendeten. Ein kleiner, schmächtiger Kerl stand da, im schwarzen Priesterrock.

„Was, der Kleine da, das soll er sein?", fragte Kellinghusen erstaunt. „Genau, das ist er, Hermann Tast heißt er", sagte Hans leise.

„Wenn uns schon seine Diener aussperren, Gott meint es gut mit uns!", rief das Männchen mit hoher, überraschend kräftiger Stimme und deutete nach oben. „Guckt mal, nun wird es schon ein bisschen blau!" Tatsächlich, das Nieseln hatte aufgehört und an einigen Stellen schimmerte der Himmel durch die Wolkendecke.

„Seht ihr", fuhr der Prediger fort, „ihr könnt euch auf den Kopf stellen, und ihr könnt da doch nichts dran ändern, wenn es regnet, dann regnet es. Und bloß, wenn Gott es will, dann kommt der Himmel durch und die Sonne scheint. Genauso ist das mit der Vergebung von euren Sünden. Ihr könnt euch auf den Kopf stellen und da kommt nichts dabei raus. Da hilft kein

„Ich bin der Papst", Flugblatt (Holzschnitt um 1500)

„Luther, des Teufels Dudelsack", Flugblatt, 1525

Ablasszettel, da helfen keine zehntausend Vaterunser, da hilft nur die Gnade Gottes."
Plötzlich ertönten laute Zwischenrufe aus der Menge.
„Stopft ihm endlich das Maul! Jagt den Ketzer davon!"
Andere schrien dagegen, ein kleines Handgemenge entstand und dann hinkten ein paar Männer eilig davon.
„Mach weiter", rief jemand, „nun sind wir unter uns!"
„Ich danke euch", sagte der Prediger, „aber es macht mich traurig, dass das immer bloß mit Gewalt geht, wenn sich die alte und die neue Lehre begegnen. Ist das denn wirklich so schlimm, was der Doktor Martin Luther gesagt hat? Dass alles, was von Menschen gemacht wird, dem Irrtum unterworfen ist, auch die Konzilsbeschlüsse? Dass das Papsttum eine menschliche Einrichtung ist und keine göttliche? Dass der Mensch durch den Glauben mit Gott selbst verbunden ist und deshalb eigentlich gar keinen Priester braucht? Wer da was dagegen sagt, der will doch bloß von seiner Macht nichts abgeben. Und das ist das, was der Martin Luther sagt: Dass die Kirche keine Macht braucht, sondern bloß Liebe."
So sprach er weiter, der kleine Prediger. Er verdammte die alte Kirche nicht und er klagte niemanden an. Er erzählte von den zwei Reichen Gottes, von dem einen, in dem die Obrigkeit herrscht, der man sich fügen muss, in dem es Ungleichheit unter den Menschen gibt und wo nach irdischer Gerechtigkeit geurteilt wird; und von dem anderen Reich, in dem Christus herrscht, in dem alle Menschen gleich sind und wo an die Stelle irdischer Gerechtigkeit Gnade und Vergebung treten. Als er geendet hatte, gab es keinen stürmischen Beifall, sondern die Leute gingen still und nachdenklich nach Hause.
„Na, tut Euch das Leid, dass Ihr mitgekommen seid?", fragte Hans Kellinghusen seinen Vater.
„Nee, mein Junge, das tut mir nicht Leid", erwiderte der Alte.
Ein paar Tage später stürzte Hans zu ihm in die Stube, wo er bei einem Krug Bier saß.
„Vater, Vater", rief er aufgeregt, „bald haben wir das geschafft! Der Bürgermeister und der Rat haben zwölf *papistische Priester* aus der Stadt verbannt!"
Da wiegte der Alte den Kopf. „Nein, mein Junge, das find' ich nicht gut. Und ich glaube, dein Prediger, so wie ich ihn verstanden habe, er findet das auch nicht gut. Denn tolerant, das sollten beide Seiten sein, denk' ich. Merk dir das, mein Junge, sonst wird das nichts Gutes mit euch!"

papistische Priester
Papsttreue Priester

● *Überlegt, wozu religiöser Fanatismus führen kann. Nennt Beispiele aus der Vergangenheit und der Gegenwart.*

Der Prozess „Frados"

Nachdem das Christentum zur Staatsreligion wurde, wehrte sich die Kirche mit Zwangsmaßnahmen gegen Menschen, die eine von der katholischen Kirche abweichende Meinung vertraten. Eine eigene Behörde wurde geschaffen: die Inquisition („Untersuchung"). Die Angeklagten hatten kaum die Möglichkeit sich zu verteidigen, Geständnisse wurden oft durch die Folter erzwungen. Wenn das Gericht von der Schuld des „Ketzers" überzeugt war, wurde dieser zum Tode verurteilt. In der folgenden Erzählung erlebt Manuel, ein Junge aus Sevilla, ein „auto da fé".

---

auto da fé
Verkündigung und Vollstreckung eines von einem Gericht der Inquisition gefällten Urteils
Inquisidores
Richter der Inquisition
Guadalquivir
Fluss in Spanien

Der Sommer des Jahres 1636, der Sommer, in dem der Prozess von Leonor und Simon Frados stattfand, war glühend heiß. Mittags, als die Sonne hoch und senkrecht stand, war es, als käme Feuer vom Himmel und verbrenne die Stadt. Es war, als würde Sevilla auf diese Weise bestraft für die schweren Folterqualen, die Leonor und ihr Mann in den Kerkern von Burg Triana erleiden mussten.

Diejenigen, die beabsichtigten, das Ehepaar Frados wegen seines Glaubens zu verbrennen – und ihnen wurde nichts anderes vorgeworfen als ihr Festhalten am jüdischen Glauben –, verdienten es, selber im Höllenfeuer zu schmoren, dachte ich. Die furchtbare Hitze, die sich über Sevilla gesenkt hatte, sollte eine Warnung für die *inquisidores* sein. Auch sie waren nur aus Fleisch und Blut und würden in die Hölle kommen, wenn sie einen Irrtum begingen.

Das *auto da fé,* das in Kürze in der Dominikanerkirche des Heiligen Paulus stattfinden sollte, war in aller Munde, und es schien, als hege niemand auch nur den geringsten Zweifel daran, dass Leonor und ihr Mann auf den Scheiterhaufen kämen. Denn das Gerücht über ihre Folter und ihr anschließendes Geständnis verbreitete sich schnell, und es sprach sich herum, dass sie nichts bereut und nicht um Vergebung gebeten hatten.

Böse Zungen zogen über sie her. Sie seien der Ursprung allen Übels, sagte man. Ihnen und ihresgleichen hatte man Seuchen, Armut und Elend zuzuschreiben.

Bei unseren Spaziergängen sahen wir die Vorbereitungen für das *auto da fé:* Die Straßen wurden ausgebessert und die Brücke über den *Guadalquivir* befestigt.

Antonio sagte, dass Tausende kommen würden, um beim Vollzug des Gerichtsurteils dabeizusein. Man sah Soldaten in der Stadt, die eigens nach Sevilla beordert worden waren, um während der ‚Glaubenshandlung' die Ordnung sicherzustellen.

Ein Inquisitionsgericht...

...die Angeklagten

Die Angeklagten konnten sich kaum verteidigen. Gemälde von Pedro Barruquette, Ende des 15. Jahrhunderts Prado, (Madrid)

Die Anklageschriften gegen Leonor und ihren Mann waren bereits eingereicht. Ankläger und Verteidiger waren schon bestimmt worden und auch der Zeitpunkt stand schon fest, an dem das Beweismaterial vorgelegt werden sollte. Während der Zeugenaussagen stellte sich heraus, dass viele zu Leonors Gunsten ausgesagt hatten.

Würden ihr diese Aussagen aber helfen?

Uns war lediglich bekannt, dass die Richter zahlreiche Sachverständige vorgeladen hatten, bevor sie das Urteil fällten.

Am Tag des Urteils, dem Tag des *auto da fé,* strömte ganz Sevilla zur Sankt-Paulus-Kirche. Auch Leute aus anderen Städten waren gekommen.

Der Lärm begann schon frühmorgens um sechs, weil die Angeklagten zu dieser Stunde aus Burg Triana hinausgeführt und in einem Straßenzug zur Kirche gebracht wurden. Außer dem Ehepaar Frados gab es noch etliche andere Beschuldigte, und die lange Karawane schob sich – von Soldaten umringt – unendlich langsam voran. Jedem Beklagten war der sambenito übergestülpt, der Sack aus dickem Stoff, den die Verurteilten tragen mussten. Sie kamen nur stolpernd voran: Den meisten waren bei der Folter die Füße zerquetscht worden. Sie wurden auf die Bühne geführt, die man auf dem Kirchplatz aufgebaut hatte. Dann eröffnete der Oberste Inquisitor von Burg Triana seine Rede.

Ich war auch dort. Es hätte Misstrauen erweckt, wenn wir nicht hingegangen wären. Ich sah Leonor. Die Folter hatte die Schönheit ihres klaren Gesichts, auf dem ein seltsamer Schein lag, nicht zerstört. Der Anblick ihres Mannes dagegen war furchterregend.

Trotz des riesigen Publikums, das sich auf dem Kirchplatz versammelt hatte, herrschte Ruhe während der Predigt des Inquisitors. Wir standen ziemlich nahe an der Bühne – der Herzog, einer von Vaters Patienten, hatte uns gute Plätze besorgt.

Plötzlich ertönte ein Schrei – eine Frau in einem sambenito brach zusammen und fiel auf den Boden. Zwei Aufseher eilten zu der Frau, die auf dem Pflaster lag, und stellten sie wieder auf die Füße. Dann fuhr der Inquisitor mit seiner Rede fort und die Urteile wurden verlesen. Jeder Angeklagte, dessen Name aufgerufen wurde, trat vor und musste stillstehen. Die erste war die Frau, die zusammengebrochen war. Die Aufseher stützten sie, damit sie nicht noch einmal umfiel.

Eine Ketzerverbrennung

Der Inquisitor verlas ihr Urteil: lebenslänglich in Einzelhaft.
Nachdem man die Verurteilte in dem schwarzen sambenito abgeführt hatte, wurde ein junger Mann in einem hellen sambenito gebracht, und das gleiche wiederholte sich.
Das Urteil wurde verlesen, der junge Mann musste zu Füßen des Inquisitors niederknien und sich für das Urteil bedanken. Dann wurde er abgeführt.
Leonor Frados war die fünfte, deren Urteil schließlich verlesen wurde. Ich hielt meinen Atem an und lauschte jedem Wort.
„Die Beschuldigte Leonor Frados, geborene di Govia, hat gestanden, die Gebote der jüdischen Religion befolgt zu haben. Sie wird zu fünf Jahren Haft in Burg Triana verurteilt."
Leonor kniete vor dem Inquisitor nieder und wurde dann von den Polizisten abgeführt. Als nächsten brachte man ihren Mann, Simon Frados, und sein Urteil wurde verlesen.
„Simon Frados wird beschuldigt, das Heilige Kreuz geschändet zu haben ..." Bei diesen Worten lief ein erzürntes Raunen durch die Menge. Als es wieder ruhig wurde, fuhr der Inquisitor fort: „Der Angeklagte hat den Verrat an unserem Heiligen Messias gestanden und zugegeben, die jüdischen Glaubensgebote befolgt zu haben. Für diese Vergehen und da der Beschuldigte nicht gewillt ist, seine Schandtaten zu bereuen und um Vergebung zu bitten, wird er vom Heiligen Gerichtshof der Inquisition dazu verurteilt, bei lebendigem Leibe zu verbrennen ..." Noch bevor der Inquisitor den Satz zu Ende sprechen konnte, brach der Pöbel in lautes Geschrei aus: „Hurra, hurra, es lebe die Heilige Inquisition!"
Die Freude riss alle mit. Menschen sprangen von ihren Plätzen auf, fielen sich in die Arme, und es entstand ein ohrenbetäubender Lärm. Ich stand dicht an Vater und Juan gedrängt, und auch Mutter und Remedios drückten sich an uns.
Weitere Urteile wurden verlesen, die Verurteilten knieten nieder und bedankten sich für die Gnade, die ihnen zuteil wurde.
Der einzige, der nicht niederkniete, war Simon Frados. Auch als man ihn gegen Abend auf einen Haufen trockenen Reisigs hob und unter ihm das Feuer entfachte, gab der Mann keinen Laut von sich. Wenn er etwas gesagt hätte, dann hätten wir es gehört. Bevor das Feuer seinen Körper erfasste, herrschte Totenstille auf dem Platz vor der Kirche. Erst als die Feuerzungen sein Fleisch versengten, brach das Volk in gewaltigen Jubel aus, und das Freudenfest begann.

- *Welches Feindbild sah die Kirche in einem Ketzer?*
- *Was wollte die Kirche mit den Ketzerprozessen erreichen?*
- *Welche Rechte wurden den Ketzern verweigert?*
- *„Erst als die Feuerzungen sein Fleisch versengten, brach das Volk in gewaltigen Jubel aus und das Freudenfest begann." Wie kann es dazu kommen, dass Menschen in dieser Weise reagieren?*
- *Welche Personen sind in dem Bild „Ketzerverbrennung" zu erkennen?*

Völker

Namen.	Spanier.	Frantzoß.	Wälisch.	Teutscher.
Sitten	Hochmüttig,	Leichtsinig,	Hinderhaltig,	Offenherzig,
Natur Und Eigenschaft	Wunderbarlich	Holdseelig Und gesprächig	Eifersichtig,	Ganz Gut,
Verstand	Klug un. Weiß,	Fürsichtig,	Scharffsinig,	Wizig,
Anzeigung deren Eigenschaften	Mänlich,	Kindisch,	Wie iederwill,	Über Allmit
Wissenschaft	Schriftgelehrt	In Kriegssachen	Geistlichen Rechte	Weltlichen Rechte
Tracht Der Klaidung,	Ehrbaar,	Unbeständig	Ehrsam,	Macht alles Nach
Untugent,	Hoffärtig,	Betrügerisch	Geissichtig,	Verschwenderisch
Lieben,	Ehr lob und Rum	Den Krieg,	Das Gold,	Den Trunck.
Krankheiten.	Verstopfung,	An Ligner	An bösser seuch,	An bodogrä,
Ihr Land.	Ist fruchtbaar	Wohlgearbeith	Französich Und Wohllistig,	Gut,
Krigs Tugente	Groß Müthig,	Arg listig,	Fürsichtig,	Uniberwindlich
Gottesdienst	Der aller beste,	Gut,	Etwas besser,	Noch Andächtiger
Erkennen für Ihren Herrn	Einen Monarchen	Eine König	Einen Bäterärch	Einen Käiser,
Haben Überfluß	In Früchten,	In Waren	In Wein,	In Getraid,
die Zeit Vertreiben,	Mit Spillen,	Mit betrügen	Mit schwätzen,	Mit Trincken,
Vergleichung Mit denen Thiren	Ein Elofanthen	Ein Fuchsen,	Einen Luchsen,	Einen Löben,
Ihr Leben Ende	In Böth,	In Krieg,	In Kloster,	In Wein,

„Kurze Beschreibung der in Europa befindlichen Völckern und ihren Aigenschaften", Völkertafel, Steiermark, frühes 18. Jh.. Die Zuordnung der Eigenschaften der „fürnehmsten" Völker in Europa waren nicht zu ernst gemeint.

...tafel

	Schwöth.	Boläck.	Unger.	Muskawith.	Türk oder Griech.
...	Stark und Groß	Bäurisch.	Untrey.	boßhafft.	Wie das Abrißweter.
	Graus-sam.	Nochwilder.	Aller Graussambst	Gut Ungerisch.	Ein Jung Teüfel.
	Hartknäbig.	Gering Uchtent.	Nochweniger.	Gar Nichts.	Oben Auß.
	Unerkendlich	Mittlmässig.	Bluthbegirig.	Unentlichkrob.	Zärt-lich.
	In Freuen Künsten	In Underschid- lichen Sprachen	In Ladeinischer sprach	In Krichischer sprache	Ein falscher Polliticus.
	Von Löder.	Lang Röckig.	Viel Färbig.	Mit böltzen.	Auf Weiber Art.
	Überglauberisch	Praller.	Veräther.	Gar Veräterisch	noch Veräterischer.
	Köstliche speisen	Den Adl.	Die Aufruhe.	Den Brügl.	Selbst eigne Lieb
	Der Wassersucht.	Un Herdurchbruch	Un der freis.	In Keichen.	In Schwachheit
	Bergig.	Waldich.	Fruchtund golt Reich.	Voller Eiß.	Ein Liebreiches.
	Unerzackt.	In Gestimt.	Aufriererisch.	Miesamb.	Gar faul.
	Litrig in Glauben	Glaubt Allerley	Unmüessig.	Ein Abtriniger.	Ein einsolcher
	Freye Herrschaft	Einen Erwelden.	Ein Unbeliebigen	Einen Freimiligen	Ein Thiran.
	In Arth Gruben	In Böltzwerch.	In Allen.	In Immen.	an zart und weichen sachen
	Mit Essen.	Mit zancken.	Mit Müessigehen	Mit schlaffen.	Mit Kränckln.
	Einen Ochsen.	Einen Bern.	Einen Wolffen	Ein Esel.	Einer Katz.
	Auf der Erd	Im stall.	beym sawel.	In schnee.	In betrug.

- Welche sozialen, religiösen und nationalen Vorurteile lassen sich an der Völkertafel ablesen?
- Überlegt, warum einzelne Völker im 18. Jh. in der Beurteilung besser abschneiden als andere? (z. B. Spanier – Türken)
- Gibt es auch heute noch Vorurteile gegen Völker?

„Können diesmal nicht die Franzosen gewinnen?"

Der Autor Willi Fährmann schildert in seinem Buch „Es geschah im Nachbarhaus" wie Ende des 19. Jahrhunderts in einer kleinen Stadt am Rhein die Existenz der jüdischen Familie Waldhoff durch Vorurteile und Hass vernichtet wird. Nur Karl, der Freund Sigi Waldhoffs, wagt es, zur Freundschaft zu Sigi und seiner Familie zu stehen. Mit seinem Vater hilft er auch den Brand des Waldhoff'schen Hauses zu löschen, während die Nachbarn unbeteiligt zusehen.

Kennzeichnend für die Erziehung im Deutschen Kaiserreich war die Förderung des Militarismus in der Schule. Anlass waren z. B. auch die alljährlichen Sedansfeiern am 2. September, bei denen die Schüler einer Schule den Sieg der Deutschen Truppen über die Franzosen (1870) nachspielten.

Militarismus
Überbetonung des Militärischen in Politik und Gesellschaft

Feier am Brandenburger Tor in Berlin: „SEDAN, WELCH EINE SIEGREICHE SCHLACHT". Nach der Schlacht bei Sedan am 2. 9. 1870 wurden prunkvolle Feiern in Deutschland veranstaltet.

In diesem Jahr musste die siebte Klasse am Sedanstag wieder die Franzosen darstellen. Das Los hatte es so bestimmt. Die Jungen waren missmutig. Auch dem Lehrer Coudenhoven gefiel es nicht. Er meinte, es sei nicht gut für eine Truppe, wenn sie schon vor Beginn des Kampfes wisse, dass das Ende eine beschämende Niederlage sei. Nicht die kämpferische Ertüchtigung, sondern Unlust am Kampf, das sei das Ergebnis. Das war Wasser auf Fräulein Duttmeiers Mühlen. Verdruss am Krieg, meinte sie, das sei das einzige, was sie mit diesem Spektakel des Sedanstages einigermaßen versöhne. Es scheine ihr rechte Erziehung, wenn man die Jugend zur Tüchtigkeit im Frieden hinleite und nicht das Töten trainiere. „Es kann der Frömmste nicht in Frieden leben, wenn es dem bösen Nachbarn nicht gefällt", zitierte Rektor Solle. Doch Fräulein Duttmeier behielt das letzte Wort und sagte schnippisch: „Vor allem bewundere ich, meine Herren, dass Sie immer so genau wissen, dass das Böse stets beim Nachbarn wohnt. Guten Morgen."

Vor der Klasse gab sich Herr Coudenhoven fröhlich. Er teilte zunächst einmal für jeden ein Milchbrötchen aus.

„Können diesmal nicht die Franzosen gewinnen, Herr Lehrer?", fragte Hein Böckeloh. „Das wäre für uns Deutsche nicht gut, wie?" „Dürfen wir denn ordentlich raufen?" „Natürlich sollt ihr tapfer sein, Jungen. In Grenzen natürlich, in Grenzen."

„Karl Ulpius soll Napoleon sein", sagte der dicke Wim. Weil er der Stärkste war, erklärten sich alle einverstanden. „Du bist mein *Adjutant*", flüsterte Karl zu Sigi hinüber. „Klar."

Sie zogen los, drei und drei nebeneinander wie die richtigen Soldaten. Rote und weiße Wollfäden hatten sie um den Arm gebunden. Wer den roten Lebensfaden im Kampf verlor, war tot. Das achte Schuljahr sang: „Heute sind wir rot, morgen ...", das sechste: „Haltet aus im Sturmgebraus."

In diesem Jahr hatten sie einen mächtigen Ringwall aufgeschüttet. Unmengen von Dorngestrüpp lagen im Ring. Die Kleinen standen bereit, es an die Wallseite zu werfen, die den Angriff der achten Klasse zu erwarten hatte. Sigi hatte ferner den Rat gegeben, dass alle ihr feinsäuberlich aufgefaltetes Butterbrotpapier für die schwere Artillerie spendeten. Diese Papiere füllte er mit feuchtem Sand und drehte sie zu Bomben.

Kurz vor zehn war alles bereit. Lehrer Coudenhoven setzte sich an den Rand. Er bemerkte, dass „dieser Ulpius" geschickt seine Mannen gruppierte. Schon marschierten die Deutschen heran, schlossen einen Ring um die Feste Sedan und warteten auf das Zeichen zum Sturm.

Mit „Hurra! Hurra!" stürmten die Jungen dem Ringwall zu. Doch schon beim ersten Angriff erwies es sich als Fehler, den Großen den Steilhang zum Anlauf zuzuweisen. Sie kamen ins Rutschen, fielen, rollten den Hang hinab und wurden in dieser Lage von dem Dorngestrüpp der Franzosen empfangen, verhedderten sich darin, schimpften und kamen nicht recht vorwärts. Unterdessen hatte Napoleon III. einen Ausfall gegen die kleineren befohlen, hastig rissen die Jungen den Preußen die Lebensfäden vom Arm und verloren nur Peterken Bosshage; der aber sowieso nur als halbe Portion angesehen wurde.

Solle blies zum Rückzug. Er änderte die Angriffstaktik. Wie im siegreichen Vorjahr sollten nun die Großen von der anderen Seite her angreifen. Der Sturm begann. Doch diesmal setzte Napoleon seine Artillerie ein. Auf den Sandhagel waren die Deutschen nicht gefasst. Er brachte Verwirrung in die Reihen. Fast wäre ihnen der Einbruch dennoch gelungen, weil Siegfried Wolter, der seinen Lehrer

---

Adjutant
Einem Kommandanten zugeteilter Offizier

Bildpostkarte Kaiser Wilhelm II., 1915

Standpauke
Strafpredigt

noch um Haupteslänge überragte, sich nicht an Sand und Papier störte. Er stand unversehens auf dem Wall. Doch da sprang Sigi ihn an und zerriss seinen Lebensfaden gerade in dem Augenblick, als er die Kriegsflagge, ein rotes Taschentuch an einem Fichtenstock, in den Sand pflanzen wollte.
Rückzug. Rektor Solle tröstete seine Helden. Schließlich sei Sedan ja auch nicht an einem Tag gefallen. Er gestattete zunächst eine Butterbrotpause.
Fräulein Duttmeier setzte sich auf ihr Taschentuch neben Herrn Lehrer Coudenhoven.
„Finden Sie das denn nun so furchtbar, wenn die Jungen sich austoben?", stichelte er.
„Das Spiel ist sicher eine richtige Jungensache. Sehen Sie sich nur die Augen an. Die Backen!"
„Mich ärgert es, wie der Hass großgezüchtet wird. ‚Die Franzmänner', rufen die Jungen, hören Sie doch nur. Und wie sie es rufen! Die einen halten die Franzosen allesamt für Feiglinge, verabscheuenswerte Elemente, denen man eins draufgeben müsse. Die anderen, die heute die Franzosen spielen müssen, sind vielleicht noch erbitterter darüber, dass es so etwas wie Franzosen überhaupt gibt auf der Welt. Das stört mich."
Coudenhoven legte es darauf an, Fräulein Duttmeier zu reizen, und sagte: „Immerhin sind die Franzosen unsere Feinde."
„Das stört mich allerdings noch mehr, Herr Kollege, dass Sie zwanzig Jahre nach dem Krieg noch so von einem Nachbarvolk denken. Sie wissen doch so gut wie ich, was die Franzosen in die Weltgeschichte eingebracht haben. Darin können sie sich mit uns gewiss messen."
„Sie reden so anders als die meisten, Fräulein Dutt."
„Anders oder nicht, Coudi, es kommt doch wohl darauf an, was richtig ist, oder?"
„Einverstanden", seufzte er. Gegen dieses Frauenzimmer war einfach nicht anzukommen. Gerade das reizte ihn oft, ihr auch wider besseres Wissen zu widersprechen.
Aus der Grube klang plötzlich lautes Kampfgeschrei. Was war das? Die Pause der Deutschen war ja noch gar nicht zu Ende? Lehrer Coudenhoven sprang auf. Was stellten denn seine Franzmänner da an? Sie stürmten wie ein Keil in die mit dem Proviant beschäftigten vereinigten deutschen Truppen hinein.
„Geschichte! Geschichte!", schrie Herr Coudenhofen, eilte den Hang hinab und pfiff mit der Trillerpfeife den Angriff zurück, der den Franzosen bestimmt den Sieg gebracht hätte.
Mit hängenden Köpfen saßen die Franzosen schließlich wieder in ihrer Wallburg. Der Lehrer hielt ihnen eine *Standpauke,* die mit der entrüsteten Frage endete: „Wer war eigentlich der kluge Junge, der sich das ausgedacht hat?"

Napoleon III. trat vor. Einen Augenblick zögerte sein Adjutant. Dann stellte er sich neben den Freund. „Wir", sagte er. „Soso", sagte der Lehrer. Er war recht froh, dass in diesem Augenblick ohne weiteren Angriff die Aufforderung zur Übergabe Sedans gebracht wurde. Napoleon nickte, als Lehrer Coudenhoven scharf sagte: „Nun?"
Die Franzosen wurden in die Gefangenschaft geführt. Aber bei den Deutschen wollte sich diesmal keine rechte Siegesfreude einstellen.
Auf dem Schulhof fand die Schlussfeier statt. Gedichte, Lieder, Gedichte. Und die Ordensverleihung. Zum ersten Male sollten auch zwei Franzosen ausgezeichnet werden. Das hatte Fräulein Duttmeier durchgesetzt. So standen vor der angetretenen Schülerschar sieben Preußen, darunter der lange und wieder lebendige Siegfried Wolter, und auch Napoleon III. und sein Adjutant. Fräulein Duttmeier reichte dem Rektor die Auszeichnungen. Als Sigi seinen Stern aus der Hand des Rektors in Empfang nahm, trat plötzlich Siegfried Wolter vor und sagte: „Herr Rektor, ich will keinen Orden, den der Judenbengel auch bekommt."
Rektor Solle war schockiert. Was erlaubte sich dieser Wolter? „Mein Vater hat gesagt, es sei eine Schande, dass der Judenbengel überhaupt noch in unsere Schule gehen darf!" Damit warf er den Orden in den Korb zurück. Wie auf Befehl taten es die anderen Jungen ihm gleich.
Nur Karl heftete sich den Orden an die Brust.
Sigi stand da, die Tränen in den Augen, den Stern drehte er unschlüssig in der Hand.
Da ging Fräulein Duttmeier mit kurzen, schnellen Schritten zu Siegfried Wolter hinüber. Sie reichte ihm kaum bis zur Schulter. „Dann nimm dies, du Flegel", sagte sie ruhig und gab ihm eine schallende Ohrfeige. Siegfried Wolter lief vom Hof. Zwar rief der Rektor noch: „Halt, bleib stehen! Halt, bleib stehen!" Doch schon war er fort.
Herr Coudenhoven ließ das Lied „Der Kaiser ist ein lieber Mann" anstimmen, und schnell beschloss der Rektor den Sedanstag. Das Hurra fiel dünn aus. Er brauchte nicht viel Fantasie, um sich auszumalen, was nun folgen würde. Und es folgte. Die Eltern beschwerten sich. Doch eigenartigerweise fand der Bauer Wolter wenig Bundesgenossen, die es auf Fräulein Duttmeier abgesehen hatten. Der ganze Ärger entlud sich über Sigi Waldhoff. Nach drei Tagen bereits erhielt Herr Waldhoff den Bescheid, dass es nicht mehr tunlich sei, seinen Sohn ferner in die hiesige Schule zu schicken. Sigi war vom Unterricht „bis auf Weiteres" ausgeschlossen.

- *Überlegt, welche Auswirkungen übertriebener Nationalstolz, Militarismus und Fremdenfeindlichkeit haben. Beachtet dabei auch die Postkarte!*
- *Wie ist heute das Verhältnis der europäischen Staaten zueinander?*
- *Wie kann die Völkerverständigung weiter ausgebaut werden; kannst du etwas dazu beitragen?*

Die Puppe

Die Erzählung: „Die Puppe" und die bösartige Darstellung aus einem Kinderbuch (1935) zeigen, wie bereits Kinder zu Judenhass erzogen wurden.

Sie hieß Sarah, war sieben Jahre alt, hatte pechschwarzes gekräuseltes Haar, und ich hatte sie gern. Ich hatte sie so gern, wie ich meine Eltern gern hatte, meine Eisenbahn, die Pferde auf dem großen Ringelspiel. Sarah hatte zwei Puppen, die wie Zwillinge aussahen und die ich ständig verwechselte: Elvira hieß die eine, Maria die andere. Sarah sagte, Elvira sei sieben Jahre älter als Maria und sie musste es wissen, sie war die Puppenmutter und sie plapperte unentwegt mit ihren beiden Kindern und sie redete wie ein Wasserfall, wenn wir uns oben auf dem Kreuzberg trafen, hoch über der Stadt. Dort stand ein hölzernes Kreuz auf einem Felsen, ein Christus hing daran, mit erstorbenen Augen und Blut, das in breiten roten Tropfen über seinen Körper rann. Daneben war eine Höhle im Felsen und wir trafen uns jeden Tag. Dann lag die Stadt weit unter uns.

Ich erinnere mich an den Tag, an dem wir zum letzten Mal gemeinsam dort oben waren.

„Wenn ich groß bin", sagte Sarah, „werde ich Doktor wie mein Vater, aber ich werde ein Doktor, den sie auch arbeiten lassen, nicht wie Papa, den sie nicht arbeiten lassen. Ich finde das gemein, wirklich, wo er der beste Arzt ist in der ganzen Stadt, überhaupt der beste Arzt der Welt. Und jetzt muss er zu Hause sitzen und darf nicht arbeiten, weil er ein Jude ist, weißt du eigentlich, was das ist, ein Jude?"

„Klar", sagte ich. Aber ich wusste es nicht. Ich wusste nur, dass in letzter Zeit immer wieder von den Juden geredet wurde. „Juden sind böse", sagte ich. „Und Juden sind hässlich." „Findest du, dass ich hässlich bin?", fragte Sarah. „Und Elvira? Maria?"

„Na ja", sagte ich, „es muss ja auch Ausnahmen geben. Vielleicht gibt es ein paar Juden, die nicht sehr hässlich sind."

„Wenn ich einmal Doktor bin, dann kannst du ruhig krank werden", sagte Sarah. „Ich wünsche mir, dass du krank bist. Alle Krankheiten sollst du bekommen." Ich erinnere mich, dass sie alle Krankheiten aufzählte, die sie kannte, und ich ihr versprechen musste, dauernd krank zu sein, und sie würde mich wieder gesund machen. Wie ihr Vater.

„Na ja", sagte ich. „Wenigstens in den Schulferien möchte ich manchmal gesund sein."

„In den Schulferien schon", sagte Sarah großmütig. „Aber dafür musst du die Masern zweimal bekommen, ja?"
„Gut", sagte ich.
Dann erzählte Sarah, dass sie vielleicht schon bald fortgehen würden. „Mama und Papa reden dauernd davon", sagte sie. Irgendwohin wollten sie gehen, wo es im Sommer und im Winter warm war.
„Ich möchte in ein Land gehen, wo es Affen gibt", sagte Sarah.
„Ich auch", sagte ich.
„Darfst du aber nicht", sagte Sarah, „du bist kein Jude."
Ich wollte nicht, dass sie fortging, und ich sagte es ihr auch. „Ich will, dass wir uns hier oben treffen, jeden Tag, und wir spielen, und ich bekomme dafür zehnmal die Masern. Einverstanden?"
„Ich weiß nicht", sagte sie zögernd. Wir sahen sie schon von weitem. Es waren vier Buben, alle größer als ich. Sie trugen Lederhosen mit Gürteln und Steinschleudern und sie machten wichtige Gesichter, wie man sie macht, wenn man hinter wichtigen Dingen her ist, hinter Schlangen oder hinter Heuschrecken oder hinter Schnecken oder Feuersalamandern. Als sie uns sahen, blieben sie zögernd stehen, sie schauten uns nicht an, weil Jungen niemals jemanden anschauen, wenn ein Mädchen dabei ist. Zwei von ihnen kannte ich, flüchtig.
„Hallo", sagte ich.
Sie schwiegen, sie blickten zu Boden, sie kickten Steine in die Luft und sie kratzten mit den Füßen Furchen in den staubigen Weg.
„Der spielt mit Puppen", sagte dann der größere.
„Der spielt mit Mädchen", sagte ein anderer.
„Der spielt mit einem Judenmädchen", sagte der größte. Sie standen jetzt still und ihre Gesichter waren angespannt. Und dann brüllten sie: „Judenmädchen, Judenmädchen", und das Brüllen wurde immer lauter und immer wilder.
Sarah kannte das Geschrei. In letzter Zeit riefen ihr Kinder auf der Straße das Wort nach oder Schimpfwörter. „Ich glaube, wir

„Einbahnstraße, Tempo, Tempo. Die Juden sind unser Unglück."

Schon Kinder sollten durch bösartig verzerrende Darstellungen auf gewaltsame Vertreibung der Juden vorbereitet werden. Diese bösartige Karikatur stammt aus einem Kinderbuch des Jahres 1935.

- Sarah berichtet ihrer Mutter den Vorfall mit den Nazi-Buben: Was erzählt sie? Wie reagiert die Mutter?
- Sprecht über folgende Aussagen in der Erzählung:
  - „Juden sind böse ... Juden sind hässlich"
  - „Ich werde Doktor wie mein Vater, aber ich werde ein Doktor, den sie auch arbeiten lassen, nicht wie Papa, den sie nicht arbeiten lassen."
  - „Der spielt mit einem Judenmädchen."

gehen", sagte Sarah ruhig. Ich hätte die Buben ohrfeigen wollen, ich hätte sie gern den Berg hinuntergerempelt, ich hätte sie gern mit den Köpfen zusammengestoßen. Doch sie waren größer als ich und sie waren stärker als ich. Und sie hatten Steinschleudern. Also gingen wir, Sarah und ich. Wir gingen dicht nebeneinander. Und obwohl ich sie nicht ansah, weil ich nur daran dachte, dass ich ein Feigling war, spürte ich, wie sie tapfer lächelte.

Wir mussten an den Burschen vorbei und sie stellten Sarah ein Bein. Sie stolperte und fiel hart auf den Boden. Da lag sie und jetzt begann sie leise zu weinen. Eine Puppe hatte sie noch im Arm, die andere lag im Staub – ich weiß nicht, ob es Maria oder Elvira war. Auf diese Puppe stürzte sich einer von den vieren und sie fingen an, sich die Puppe wie einen Ball zuzuwerfen, sie immer höher zu werfen, immer höher.

Sarah schrie und weinte und lief zwischen ihnen hin und her, um die Puppe abzufangen.

Da packten sie die Puppe – ein Fetzen Stoff mit einem lächelnden Kopf darauf –, einer von ihnen hatte einen neuen Dolch am Gürtel, mit dem heftete er die Puppe an den Kreuzbalken. Sie lachten über diesen Spaß und über die entsetzte Sarah und brüllten jetzt: „Judensau, Judensau."

Sarah und ihre Eltern konnten nicht mehr fortgehen in ein anderes Land. Eine Woche später wurde die Familie Blauenstein gegen Abend abgeholt: die Eltern, Sarah und ihre Schwester, ein kleines Mädchen. Sie hatten nur wenige Stunden Zeit, um zu packen, nur ein paar Koffer durften sie mitnehmen. Ich stand dabei und fragte, wohin sie gingen, aber niemand gab Antwort, auch meine Eltern nicht. Das Gesicht ihres Vaters war grau und eingefallen. Die Mutter betete. Und Sarah konnte ihren Koffer nicht zubekommen, so sehr wir auch darauf knieten. Sie sagte immer nur, vielleicht dürfe sie zu den Affen, in ein Land, in dem es Sommer und Winter warm war.

Als sie zum Lastwagen ging, war ihr Koffer noch immer offen. Und ich konnte die ganze Zeit nichts anderes denken als: Der Koffer wird aufgehen, bestimmt verliert sie ihren Koffer und alles, was sie liebt, sogar die Puppe. Maria oder Elvira. Später habe ich erfahren, dass die Familie Blauenstein in einem Lager getötet worden war.

Nur für Weiße!

Leon Walter Tillage (geb. 1936 in North Carolina) erzählt aus seinem Leben. Als farbiger Junge war er in Amerika diskriminiert und vielen Vorurteilen ausgesetzt. Wenn er von seiner harten Jugend erzählt, tut er es nicht, um anzuklagen. Er anerkennt, dass sich die Umstände gebessert haben, aber immer noch besser werden könnten.

Wann immer ich konnte, suchte ich mir eine Gelegenheitsarbeit, um ein bisschen zusätzliches Geld zu verdienen.
Mit anderen Worten, es ging ums Überleben. Wir arbeiteten, wo wir arbeiten konnten, damit wir etwas Geld verdienten, um uns Hosen oder so was kaufen zu können. Meine Mutter tat, was sie konnte, aber wir mussten alle was dazutun. Nur darauf kam es an.
Einmal habe ich auf einem Tabakmarkt gearbeitet. Nach der Schule und in der Nacht habe ich dort gearbeitet, Laster abgeladen und hier und da ausgeholfen.
Ich stand im Gang und hinter mir tauchten zwei Männer und ein kleiner Junge auf. Ich habe sie nicht gesehen. Der Junge berührte mich am Bein und sagte: „Entschuldigung, kann ich bitte vorbei?" Ich trat zur Seite. Sofort knöpfte sich der Vater seinen Sohn vor und stellte ihn zur Rede: „Was hast du zu ihm gesagt?" Der kleine Junge guckte ihn bloß an. Er verstand nicht, worum es ging, und der Vater wiederholte: „Ich habe gefragt, was hast du zu ihm gesagt?" Und der kleine Junge antwortete: „Ich habe gesagt: Entschuldigung." Sein Vater schlug ihm ins Gesicht und sagte zu ihm: „Tu das nie wieder. Niemals wirst du einen Nigger um Entschuldigung bitten. Wenn er dir im Weg ist, gibst du ihm einen Tritt." Er forderte den kleinen Jungen auf, mir einen Tritt zu geben. Und der kleine Junge trat mich ans Schienbein. Er trat sogar zweimal. Er ging weiter und drehte sich zu mir um und starrte mich mit seinen blauen Augen an und er hatte einen traurigen Ausdruck im Gesicht, als täte es ihm Leid. Nie werde ich den Gesichtsausdruck von dem kleinen Kerl vergessen.
Auf dem Markt gab es zwei Trinkbrunnen. An dem einen war ein Schild für Weiße und am anderen eins für Farbige, genau wie bei den Toiletten. Da war ein älterer schwarzer Mann, der nicht lesen konnte. Er muss die Trinkbrunnen verwechselt haben. Jedenfalls trank er von dem weißen Brunnen und ein weißer Mann sah ihn dabei. Der weiße Mann sprang mit einem *Tabakstock* in der Hand von seinem Laster und stürzte sich auf den alten

Tabakstock
Hölzerne Latte zum Aufhängen der Tabakblätter, ca. 1,80 m lang

Leon

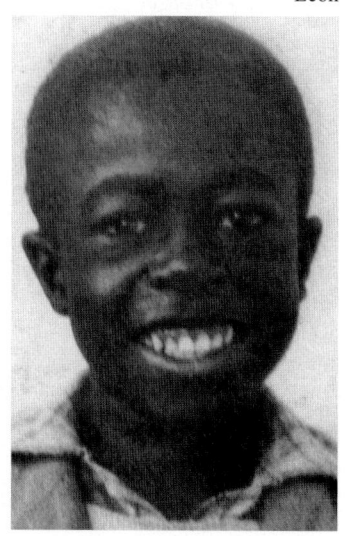

- *Welche der Ereignisse aus dem Leben Leons haben dich besonders betroffen gemacht. Begründe!*
- *Diskutiert Leons Meinung: „Die Zeiten haben sich gebessert, aber sie können immer noch besser werden."*
- *Welche Probleme haben Farbige heute in unserer Gesellschaft?*

Mann – der noch am Trinken war – und schlug den alten Mann auf den Kopf, dass der Tabakstock zerbrach. Inzwischen hatten sich noch drei oder vier andere weiße Männer dazugesellt und sie alle schlugen und traten den armen Mann halb tot. Bloß weil er vom Trinkbrunnen der Weißen getrunken hatte ...

Ein anderes Mal habe ich in einem Restaurant gearbeitet, wo ich die Vordertür nicht benutzen durfte. Wir warteten auf dem Parkplatz, bis der Besitzer uns reinließ. Wir mussten zur Hintertür, während die weißen Angestellten vorne reingingen. Wir durften auch nicht vorne arbeiten oder so. Wir mussten in der Küche arbeiten, im hinteren Teil. Und obwohl wir die Toiletten sauber machten, bevor die Gäste kamen, durften wir uns ja nicht dabei erwischen lassen, sie zu benutzen, sonst wären wir „dran" gewesen. Wenn geschlossen war und keiner mehr da war, konnten wir durch die Vordertür gehen, um den Müll nach draußen zu bringen – aber morgens zur Arbeit vorne reingehen, nein, das gab's nicht.

Einmal hatte ich einen Job außerhalb und ich musste mit dem Bus fahren, um dort hinzukommen. Damals, wenn wir mit dem Bus fuhren, mussten wir zweimal einsteigen. Erst vorne, zum Bezahlen, aber dann durften wir nicht durch die Reihen der Weißen nach hinten gehen. Wir mussten wieder aussteigen, außen herumgehen und dann durch die Hintertür wieder rein. Der Bus hatte in der Mitte eine weiße Linie auf dem Boden und da durften wir nicht drüber. Egal, wie viel Leute hinten im Bus saßen, wenn nur ein einziger weißer Fahrgast vorne saß, durften wir nicht rüber. Wenn die weiße Seite voll war, dann überquerten die Weißen die Linie und kamen nach hinten und wir durften nicht mehr sitzen. Manche Weiße legten ihre Taschentücher auf den Sitz, bevor sie sich setzten. Wenn ganz viele weiße Leute einsteigen wollten und der hintere Teil des Busses voll war, dann hielt der Fahrer an und wir mussten aussteigen. Sie haben uns nicht das Geld zurückgegeben oder so. Sie haben einfach gesagt: „Okay, raus mit euch. Du, du und du, ihr steigt aus." Und dann mussten wir aussteigen und manchmal mussten wir rennen, um nicht zu spät zur Arbeit zu kommen.

Bürgerrechtsdemonstration

Tante Wilma riecht nach Knoblauch

Gastarbeiter werden oft mit Vorurteilen belastet. Auch Tante Wilma ist nicht vorurteilsfrei!

Tante Wilma wohnt in der Kantstraße 13, im ersten Stock. Das Haus ist schon ziemlich alt und hat nur zwei Stockwerke. Früher hat der Hausbesitzer, ein alter Freund von Tante Wilmas verstorbenem Mann, im Erdgeschoss gewohnt. Er hat aber vor einem Jahr das Haus verkauft und ist weggezogen. Der neue Hausbesitzer wollte das Haus abreißen und an dieser Stelle einen Supermarkt hinbauen. Deshalb forderte er auch Tante Wilma auf, woanders hinzuziehen.

Tante Wilma war entrüstet. „Siebenundzwanzig Jahre lebe ich jetzt in dieser Wohnung", sagte sie zu meiner Großmutter. „Soll ich etwa, so alt wie ich bin, noch in eine Wohnung umziehen, an die ich mich nicht mehr gewöhnen kann? Ich denke nicht daran! Ich bleibe, wo ich bin!"

„Recht hast du", sagte meine Großmutter. „Rauswerfen kann er dich nicht, denn du hast in deinem Mietvertrag stehen, dass du bis an dein Lebensende hier wohnen bleiben darfst."

„Wenn es nur nicht so einsam wäre", seufzte Tante Wilma. „Allein in einem leeren Haus! Wenn ich krank werde, merkt es kein Mensch."

„Lass dir ein Telefon einleiten", riet ihr meine Großmutter.

Tante Wilma schaffte sich also ein Telefon an. Da ließ sich der neue Hausbesitzer was einfallen, um die Tante aus dem Haus zu graulen.

„Stell dir vor", berichtete Tante Wilma meiner Großmutter bestürzt, „ins untere Stockwerk sind Türken eingezogen!"

„Großartig", sagte meine Großmutter. „Da kommt wieder Leben ins Haus."

„Du hörst mir ja gar nicht richtig zu!", klagte Tante Wilma. „Es handelt sich um Türken! Um echte Türken! Eine Familie mit sechs oder sieben Kindern und das ganze Treppenhaus riecht schon nach Knoblauch. Wie soll ich mir denn die Flöhe vom Leib halten? Und es sind nicht einmal Christen!"

„Irgendwo müssen sie ja schließlich unterkommen", meinte meine Großmutter.

„Aber doch nicht ausgerechnet bei mir", rief Tante Wilma. „Solche primitiven Nachbarn bin ich nicht gewöhnt. Mein Karl war Uhrmachermeister!"

„Nun reg' dich nicht so auf, Wilma", sagte meine Großmutter. „Entweder du gewöhnst dich an die Türken, oder du ziehst aus."

> • *Welche Vorurteile hat Tante Wilma anfangs ihren neuen Mitbewohnern gegenüber? Was kann ihre Meinung geändert haben?*

„Jawohl", schrie Tante Wilma ins Telefon, „ich ziehe aus!" Dann legte sie beleidigt den Hörer auf und ließ nichts mehr von sich hören.
Zwei Wochen später begegneten wir ihr im Kaufhaus. Sie stand vor einem Bücherregal. Als sie uns entdeckte, schob sie hastig ein deutsch-türkisches Wörterbuch ins Regal zurück, grüßte kurz und verschwand.
„Man muss ihr Zeit lassen", sagte meine Großmutter.

Vier Wochen später, in der Adventzeit, begegneten wir ihr wieder. Sie kaufte gerade ein halbes Dutzend Kinderpudelmützen ein.
„Hast du schon eine neue Wohnung gefunden?", fragte meine Großmutter. „Ich helfe dir natürlich beim Umzug."
„Nur nicht so hastig", antwortete Tante Wilma. „So was kann man nicht überstürzen. Übrigens hätte ich gern das Lebkuchenrezept von dir, weißt du, das von unserer Mutter."
„Seit wann bäckst du denn Weihnachtsgebäck?", fragte meine Großmutter erstaunt. „Das hast du doch seit Karls Tod nicht mehr getan."
Tante Wilma überhörte die Frage und sagte: „Ihr habt doch noch den alten Kinderwagen auf dem Dachboden stehen. Ich hätte zufällig Verwendung für ihn."
„Gut", sagte meine Großmutter. „Peter kann ihn dir morgen bringen."
„Ich hab's eilig", sagte Tante Wilma. „Ich muss noch Weinblätter besorgen. Also bis morgen. Komm doch auch, Berta, zum Mittagessen!" Und weg war sie.
Wir starrten ihr mit offenem Mund nach.
„Sie riecht nach Knoblauch, hast du's gemerkt?", flüsterte meine Großmutter.
Am nächsten Tag schoben wir den alten Kinderwagen in die Kantstraße. Vor Nummer 13 spiel-

ten ein paar Kinder. Sie hatten schwarze Augen und schwarze Haare. Im Treppenhaus roch es nach Knoblauch. Irgendwo im Erdgeschoss sang jemand. Eine dicke Frau schaute aus einer Tür und grüßte freundlich. Sie half uns mit dem Wagen die Treppe hinauf. Tante Wilma war nicht allein. Zwei schwarzäugige Jungen, etwas jünger als ich, saßen auf ihrem guten Plüschsofa und beugten sich über Hefte.
„Das ist Achmed und das ist Mustafa", sagte Tante Wilma. „Ich helfe ihnen bei den Hausaufgaben. Den Wagen hättet ihr gleich unten lassen können, der ist für das Jüngste. Ich glaube, ich werde mich entschließen, dem Mustafa Klavierstunden zu geben."
Sie gab jedem der beiden Jungen ein paar Plätzchen, sagte etwas zu ihnen, das wir nicht verstanden, und schickte sie hinunter.
Es gab Reis und Hackfleisch, eingewickelt in Weinblätter.
„Das ist was Türkisches", erklärte Tante Wilma. „Man lernt nie aus. Guckt euch mal dies dort an. Das wird ein kleiner Teppich. Das Knüpfen habe ich auch von ihnen gelernt. Übrigens habe ich mich entschlossen, hier wohnen zu bleiben."
„Aber die Flöhe!", rief ich.
„Wieso denn Flöhe?", antwortete sie. „Die Leute sind sehr sauber."
„Aber es sind nicht einmal Christen", bemerkte meine Großmutter.
„Na und?", rief Tante Wilma empört. „Mancher, der sich einbildet, ein Christ zu sein, könnte von denen noch eine Menge lernen. Immer diese dummen Vorurteile!"

- *Anregungen, was man im Unterricht machen könnte: Was wäre, wenn ...*
  – ihr in der Klasse Mitschüler aus dem Ausland nach ihren Sorgen und Eindrücken befragtet?
  – in der Klasse Gastarbeiterkinder von Festen und Bräuchen aus der Heimat ihrer Eltern berichten könnten?
- *Fächerübergreifendes Projekt: z. B. Menschenwürde und Toleranz*

Fremde sind Leute

Fremde sind Leute,
die später gekommen sind als wir:
in unser Haus, in unseren Betrieb,
in unsere Straße,
unsere Stadt, unser Land.
Die Fremden sind frech:
die einen wollen so leben wie wir,
die anderen wollen nicht so leben wie wir.
Beides ist natürlich widerlich.
Alle erheben dabei Ansprüche
auf Arbeit,
auf Wohnungen und so weiter,
als wären sie normale
Einheimische.
Manche wollen unsere Töchter heiraten,
und manche wollen sie sogar nicht heiraten,
was noch schlimmer ist.

Fremdsein ist ein Verbrechen,
das man nie wieder gutmachen kann.

(Gabriel Laub)

- *Welche Fremden sind in dem Gedicht gemeint? Touristen, Gastarbeiter, Geschäftsreisende, Flüchtlinge, Asylanten ...?*
- *„Fremde verhalten sich manchmal wirklich so, dass man sie ablehnt."*
  Sind die Einheimischen immer nur liebenswert?

Der Griff in den Teller

Zwischen den reichen Industriestaaten des Nordens und den armen Staaten des Südens bestehen große wirtschaftliche Unterschiede. Der Norden verfügt über 80% von Reichtum und Bildung, der Süden leidet Hunger.
In unserer Welt, die durch den wissenschaftlichen Fortschritt immer mehr zu einer Einheit wird (Globalisierung), hat diese Spaltung der Menschheit bedrohliche Folgen.

Maya
Eine der ältesten höchst entwickelten Kulturen Lateinamerikas

Junge Mexikanerin

„So? Sie wollen nach Mexiko? Ja, da war ich auch. Mit Frau und Sohn. Dreieinhalb Wochen. Eine Reise von Globe-Tours.
Empfehlen? Nein. Obwohl ich betonen muss, dass es an Globe-Tours so gut wie nichts zu kritisieren gab. Das Service war wirklich ausgezeichnet: ordentliche Hotels, bequeme Sightseeing-Busse, zuverlässige Gepäckbeförderung. Wir haben uns um nichts zu kümmern brauchen. Nur – für meinen Geschmack waren *zu* viele *Maya-Ruinen* im Programm. Und zu wenige Tage für Acapulco.
Soviel über Globe-Tours. Mit denen können Sie ruhig reisen.
Aber nicht nach Mexiko! Das ist kein Land für unsereinen.
Damit will ich nichts gegen Acapulco gesagt haben. Eine Traumstadt am Meer. Dort bekommt man eine Kostprobe, wie schön Mexiko sein *könnte*. Lauter Luxusvillen und Palmenalleen und das Hauspersonal ganz in Weiß. Viele wirklich berühmte Filmstars haben dort ein Haus. In Acapulco wohnen fast nur Ausländer. Vor allem Nordamerikaner. Reiche natürlich. Die halten die Stadt in Schuss. Bettler haben dort keine Chancen.
Die Mexikaner dagegen – ich kann Ihnen sagen! Keine Ordnung, keine Disziplin, kein Ehrgeiz. Die Leute lungern faul an den Ecken herum. Es wimmelt von Taschendieben. Und dann der Dreck. Wir waren jedes Mal froh, wenn wir nach so viel Gestank und Elend und Lumpen wieder in unserem sauberen Hotelzimmer waren.
Haben Sie's eilig? Nein? Da würde ich Ihnen gern noch schildern, was uns in Mexiko City passiert ist. Dieses Erlebnis hat mich nämlich seither sehr beschäftigt.
An einem der drei Tage, die wir uns in der Hauptstadt aufhielten, waren ein paar Stunden für einen Stadtbummel im Programm angesetzt. Um die Mittagszeit gingen wir in ein kleines Straßenrestaurant. Das hatte seine Tische auf dem Bürgersteig unter einem breiten Sonnendach stehen. Wir setzten uns um einen Ecktisch und ließen uns ein großes Steak mit Reis und Salat servieren. Aber kaum hatten wir die

vollen Teller vor uns stehen, scharte sich ein ganzes Rudel rotznasiger, zerlumpter Kinder um unseren Tisch! Weiß der Himmel, wo die so plötzlich herkamen. Da standen sie dicht an dicht und starrten uns schamlos in die Teller!
Wie kann man, so frage ich Sie, sein Essen genießen, wenn jeder Bissen mit gierigen Blicken verfolgt wird? Warum weist der Chef des Restaurants sein Personal nicht an, dieses aufdringliche Gesindel wegzuscheuchen?
Wollen wir gerecht sein: Arme gab es schon immer, auch bei uns früher. Sie schnurren ihre Bettelsprüche herunter, machen traurige Augen und halten die Hände auf. Die Banden in Mexiko City aber warten nicht demütig auf eine milde Gabe. Die *nehmen* sich einfach! Die bedienen sich ungeniert!
Da langte doch so ein Bengel – kaum älter als acht oder neun Jahre – meiner Frau in den Teller, packte ihr Steak – und weg war es! Stellen Sie sich das mal vor: grapscht ihr einfach das Steak vom Teller und verschwindet damit!
Wir waren sprachlos. Das nutzte ein anderes kleines Biest aus und wollte auch mir mein Steak wegschnappen. Aber gerade, als das Mädchen die Hand in meinem Teller hatte, stieß ich mit der Gabel zu. Meine Frau schrie auf. Das Mädel war langsamer als der Junge, weil es einen Säugling auf dem Rücken trug. Es plärrte, wollte aber trotz der Gabel mein Steak nicht loslassen.
‚Rolf', schrie meine Frau, ‚das ist doch ein Kind!' Und sie sprang auf und zerrte an meiner Hand, in der ich die Gabel hielt. Aber ich war außer mir vor Wut über die Frechheit dieses Packs. Ich gab dem Mädchen mit der linken Hand eine schallende Ohrfeige. Mit dem Steak in der Hand flog sie gegen den nächsten Tisch. Ich wollte es ihr noch abnehmen, aber da war sie schon auf der anderen Straßenseite. Unglaublich, wie zäh dieses Volk ist. Sie hockte sich auf den Randstein, nahm den schreienden Säugling vom Rücken auf den Schoß und schob zwei Knirpsen, die sich neben sie kauerten, abwechselnd mein Steak in den Mund. Sie selbst aß nichts davon, das dumme Ding. Sie leckte sich nur das Blut vom Handrücken. Wie die Tiere, wirklich. Wie die Tiere.
‚Die wird so schnell keinem *Gringo* mehr in den Teller fassen', sagte ich. Meine Frau gab darauf keine Antwort. Aber mein Sohn, der leichenblass hinter seinem Teller saß, sagte: ‚Hoffentlich packt sie das nächste Mal die Gabel und stößt sie dem Gringo in den Schlund, bevor sie in seinen Teller greift!' Dann rannte er auf die Toilette und übergab sich.
Natürlich hätten wir uns ein neues Steak bestellen können. Aber uns war der Appetit vergangen. Erst die Sache mit der Gabel, dann diese Reaktion von unserem Jungen. Er

Gringo
Ausländer, nicht-spanischer Herkunft

ist erst vierzehn. So was hat er sich mir gegenüber noch nie herausgenommen!

Als wir wieder daheim waren, habe ich mit seinem Paten darüber gesprochen. Der ist Pastor. Ich habe ihm die ganze Steak-Geschichte erzählt. Und was sagte er dazu? ‚Mein lieber Rolf, wir alle werden uns daran gewöhnen müssen, dass in Zukunft die Hungrigen den Satten in die Teller greifen werden, ohne vorher um Erlaubnis zu fragen. Und der Gott, den *ich* mir vorstelle, wird's ihnen nicht als Sünde anrechnen. Denn sie sind im Recht.'

Das hatte ich nicht erwartet. Damit hat er mich richtig vor den Kopf geschlagen. Gewiss, es war ein Kind, und ich bin kein Ungeheuer. Hier in der Bundesrepublik würde ich nie mit der Gabel nach einem Kind stechen. Unvorstellbar! Aber dort in Mexiko City – wissen Sie, ich fühlte mich und meine Familie einfach bedroht! Ich geriet in Panik! Und wenn wir solchen Unverschämtheiten keine Schranken setzen – ich bitte Sie, wo kommen wir denn dann hin? Die überrennen uns ja, die Armen! Die sind doch, insgesamt gesehen, in vielfacher Überzahl! Wenn die erst das Sagen haben, dann gute Nacht. Dann gerät unsere ganze schöne Ordnung durcheinander. Ist doch wahr – oder?"

- *Überlege eine Antwort auf die letzte Aussage in der Erzählung.*
- *Wie beurteilst du das Verhalten des Sohnes/ des Vaters/der Mutter?*
- *Welche Bemühungen von Einzelpersonen oder Organisationen versuchen die Probleme in den Entwicklungsländern lösen zu helfen?*
- *Welche Möglichkeiten siehst du für dich selbst?*

Jossi kann kein Arabisch

In einem palästinensischen Flüchtlingslager an der Küste des Mittelmeers lebt der 14-jährige Achmed, dessen Onkel von israelischen Soldaten gefangen genommen wurde. Achmeds Cousin Maher sinnt auf Rache. Achmed jedoch bewundert seine jüdische Lehrerin, die gegen den Hass zwischen Israelis und Palästinensern für den Frieden arbeitet.

Zwischen der ersten und der zweiten Schulstunde gab es nur eine kurze Pause. Als Achmed durch das Geschrei seiner Mitschüler aus dem Schlaf fuhr, stand Madame Judith in der Tür. Im Nu wurde es still.
Sie hatte einen Jungen mitgebracht, der sich neugierig umschaute. Ein Neuer? Achmed sah, dass er viel besser gekleidet war als er selbst und die anderen Schüler. Dieser Junge konnte keiner von ihnen sein. Madame Judith wies ihm auch keinen Platz in ihren Reihen zu. Er setzte sich einfach auf einen der zwei Stühle, die es in dem Raum gab und auf denen sonst nur Lehrer sitzen durften. Keiner von ihnen hatte es je gewagt, sich so lässig auf den Lehrermöbeln auszustrecken.
„Kinder!", sagte Madame Judith, nachdem die Schüler sich zur Begrüßung erhoben und wieder hingesetzt hatten. „Heute habe ich einen Gast mitgebracht, der einiges von euch wissen möchte. Und ich hoffe, ihr seid daran interessiert, auch etwas von ihm zu erfahren. Wisst ihr, wer das ist?"
Sie wartete keine Antwort ab, sondern fuhr stolz und fröhlich fort:

„Das ist mein Enkel Jossi, der Sohn meiner Tochter. Er wohnt in Tel Aviv, und weil er gerade Ferien hat, sind seine Mutter und er auf einen Besuch zu mir gekommen. Ich habe ihm viel von euch erzählt. Heute morgen hatte er den Einfall mit in die Schule zu kommen, um euch kennen zu lernen."

Achmed

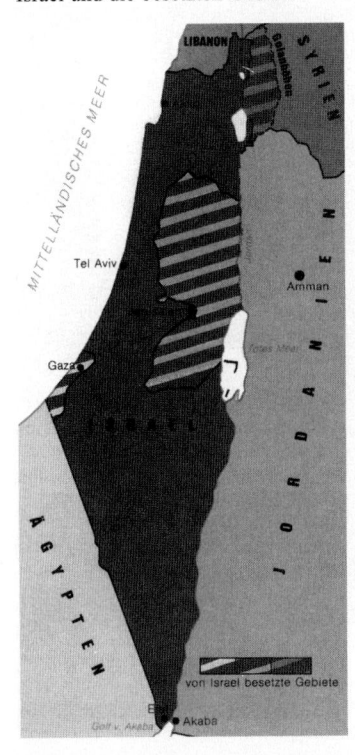

Achmed traute seinen Augen nicht. Wieso hatte Madame Judith einen Enkel, war sie schon so alt? Er hatte nicht einmal geglaubt, dass sie verheiratet sein könnte, dass sie in Israel eine Familie haben könnte. Also war sie wirklich eine richtige Jüdin. Ja, warum war sie dann in ihr Lager gekommen? Warum hatte sie ihre Familie verlassen?

Er betrachtete voller Widerwillen den Jungen, der da vorne saß. Achmed hatte noch niemals einen jüdischen Jungen gesehen, immer nur Soldaten oder Siedler.

Natürlich musste es auch jüdische Kinder geben. Sie schienen jedoch auf einem anderen Stern zu leben. Und dieser Junge kam einfach zu ihnen. Warum? Konnte er denn Arabisch sprechen?

Madame Judith schien Achmeds Gedanken zu erraten, denn sie sagte: „Jossi kann leider kein Arabisch. Aber er möchte es lernen, wie er mir gesagt hat. Ich schlage vor, dass wir Hebräisch sprechen. Das ist eine gute Gelegenheit für euch, euer Hebräisch zu üben. Wer macht den Anfang?"

Im Raum wurde es jetzt noch stiller. Jeder wich dem fragenden Blick Madame Judiths aus. Die Atmosphäre wurde immer gespannter. Nun war klar, dass da vorn einer saß, der nur in der verhassten Soldatensprache reden konnte.

Heimlich warfen die Schüler ihm gehässige Blicke zu. Sollte er doch mit seinesgleichen Hebräisch sprechen! Wenn er mit ihnen reden wollte, musste es Arabisch sein. Und wenn er es nicht konnte, sollte er es gefälligst lernen. Sie mussten ja auch seine Sprache erlernen.

Achmed gab sich einen Ruck und stand auf, wie es die Schüler taten, wenn sie vom Lehrer angesprochen wurden. Er hörte das verächtliche Schnauben Mahers und das erfüllte ihn mit trotziger Wut. Er würde es ihnen zeigen! Wenigstens hatte er den Mut, mit dem Juden zu reden. Und er würde diesen Jungen mit seinen Fragen in die Enge treiben.

„Wie geht es dir?", fragte er auf Hebräisch.

„Mir geht es gut, danke", kam die prompte Antwort.

„Wo wohnst du?"

„In Tel Aviv."

„Ich meine, wo wohnst du hier?"

„Bei meiner Großmutter."

„Gefällt es dir hier?"

Jetzt zögerte der Junge.

Achmed frohlockte. Schon war es ihm gelungen, den Juden in die Enge zu treiben.

Schließlich sagte der fremde Junge: „Mir gefällt es bei meiner Großmutter."

„Gefällt dir unsere Schule?"

Wieder stockte der Fremde. Achmed sah sich triumphierend um. Das sollte ihm erst einmal einer nachmachen, einen Juden in seiner eigenen Sprache zu schlagen!

Doch der Junge hatte nur nachgedacht, denn jetzt sprudelten die Worte so schnell aus ihm heraus,

Israel und die besetzten Gebiete

dass Achmed ihm nicht folgen konnte.
Madame Judiths Enkel wiederholte langsam und deutlich: „Ich weiß es nicht, ob mir eure Schule gefällt, weil ich eure Schule zu wenig kenne. Aber mir scheint, dass ihr nicht viele Dinge habt, die zu einer Schule gehören. Ihr habt keine Tische und Stühle, es ist ziemlich dunkel hier, die Fenster sind so klein, es ist alles so eng hier."
Da sprang Ihab auf und sagte in seiner Muttersprache: „Wir möchten auch viel lieber auf Stühlen und an Tischen sitzen!"
Maher pflichtete ihm bei und rief: „Wir sitzen nur auf dem Boden, weil uns die Juden so wenig Geld geben!"
Ein Raunen ging durch die Klasse. Die versteckte Feindseligkeit gegen den jüdischen Jungen brach jetzt offen heraus. Dieser Fremde hatte gut reden.
Achmed wusste, was er jetzt zu fragen hatte. „Möchtest du in diese Schule gehen?"
„Nein, ich glaube nicht."
Achmed fühlte sich als Sieger. Er war sicher, dass nun die ganze Klasse hinter ihm stand. Er hatte Madame Judiths Enkel als überheblichen und verwöhnten kleinen Jungen entlarvt, der nur in ihre Schule gekommen war, um ihnen weiszumachen, dass er etwas Besseres sei. Auf solche Besucher konnten sie verzichten. Hoffentlich hatte Madame Judith das gemerkt!

Sie stand vor der Klasse und sah gar nicht mehr so selbstsicher und fröhlich wie am Anfang aus. Sie blickte ihre Schüler ernst und traurig an.
Plötzlich schlug sie der überraschten Klasse vor ein bekanntes Lied zu singen und fing gleich mit der ersten Strophe an.
Alle erhoben sich und schmetterten los. Es war ein patriotisches Lied. Sie fühlten sich stark und sahen missbilligend zu dem Enkel hinüber, der sich immer noch lässig mit den Ellbogen auf den Tisch stützte. Hatte er keinen Respekt vor ihrem Lied, wusste er sich nicht zu benehmen?
Nach dem Lied war man guter Laune.
Aus dieser Stimmung heraus fragte einer, ob der Jude nicht auch ein Lied singen könne.
Die Schüler lachten und pfiffen begeistert.
Madame Judith wandte sich lächelnd ihrem Enkel zu und redete auf ihn ein.
Jossi erhob sich. Man merkte, dass er aufgeregt war. Und Jossi sang, zuerst mit leiser, brüchiger Stimme, dann lauter, sicherer. Es war eine schöne, traurige Melodie. Achmed verstand die Worte kaum, aber er sah, dass der fremde Junge mit Andacht sang. Das rührte ihn.
Als Jossi geendet hatte, klatschte Achmed ihm begeistert Beifall, und er merkte, dass viele der Schüler seinen Applaus teilten.
Der fremde Junge lächelte, Madame

- *Leider ist noch immer kein Frieden zwischen Israelis und Palästinensern. Verfolgt in den Medien die Berichte über Israel und den neu entstehenden palästinensischen Staat.*
- *Der Autor des Buches: „Achmed, der Aufstand der Kinder", Klaus Steinvorth, beendet sein Werk mit den Worten: „Gesten der Liebe sind kleine Schritte auf dem dornigen Weg zum Frieden. Vielleicht wird eines Tages doch noch wahr, was in dem biblischen Land Juden, Araber und Christen seit jeher einander wünschen: Schalom! Salam! Friede auf Erden."*
Sprecht über diese Aussage.

Judith lächelte ebenfalls. Und die feindselige Atmosphäre war verschwunden.

Madame Judith erzählte ihnen den Inhalt des Liedes, das Jossi gesungen hatte.

Es war das Klagelied einer Mutter, deren Sohn in den Krieg zieht. Der Junge achtet nicht darauf, wie die Mutter mahnt und warnt. Er spricht begeistert von einer großen Aufgabe, die vor ihm steht, und sagt, er wolle sich bewähren. Er sieht sich in der unermesslichen Weite des Himmels fliegen, unter sich das Land, das er beschützen will. Die Mutter starrt ihm nach, dem Falken, der entschwindet und nicht mehr wiederkommt. Ihre Rufe verhallen ungehört.

Über das Gesicht der Lehrerin liefen Tränen, die sie nicht zu bemerken schien, denn sie machte keine Anstalten, sie wegzuwischen.

Dann sagte sie: „Der Krieg ist etwas Schreckliches, Kinder. Möge Gott uns Frieden schenken. Dafür müssen wir jeden Tag beten. Glaubt mir, der Schmerz einer Mutter um ihren verlorenen Sohn ist so groß, dass man ihn nicht beschreiben kann."

In den palästinensischen Flüchtlingscamps im Westjordanland geht die Saat der Gewalt auf: An Spielzeugmaschinenpistolen lernen Kinder den Umgang mit Waffen. (Die Presse, 5. 1. 2001)

„Ich hätte viel früher den Mund aufmachen müssen..."

Im Alltag erlebt man immer wieder, wie sehr Gedanken aus der Zeit des Nationalsozialismus nachwirken. Einigen scheint es gar nicht bewusst zu sein...

Als Karin zur Haltestelle kam, standen schon acht Frauen und zwei Männer da. Das war ungewöhnlich um diese Zeit, kurz nach zehn Uhr vormittags.

Eine Frau trat vom Gehsteig, blickte in die Richtung, aus der die Straßenbahn kommen sollte, schüttelte den Kopf und zuckte mit den Schultern. Die Wartenden sahen einander an. Karin zog ein Buch aus der Tasche. Sie musste die Zeit nützen. Nächste Woche war Abschlussprüfung.

„Die geschichtlichen Vorbelastungen der deutschen Nationalidee sammeln sich in ihrer äußersten Zuspitzung in der Ideologie des Nationalsozialismus und finden unter anderem in der so genannten *‚Kristallnacht'* ihre erste Entladung," las sie. Sie versuchte, sich zu konzentrieren. Es gelang ihr nicht, das Gemurmel ringsum ungehört an sich vorbeiplätschern zu lassen.

„... aber die Tarife erhöhen, das können sie ..."

„... sicher wieder ein Unfall ..."

Die Straßenbahn kam. Sie war sehr voll. Die Fahrgäste rückten widerwillig noch enger zusammen, musterten die Einsteigenden wie eine vorrückende Besatzungsmacht. Karin wurde in den Mittelgang abgedrängt.

Neben ihr stand ein junges Paar. Das Mädchen klammerte sich am Kragen ihres Freundes fest statt an der Halteschlaufe. Sie trug einen langen, bunt gewebten Schal mit geknoteten Fransen.

So einen hätte ich gern, dachte Karin.

Eine Gießkanne stieß sie in die Kniekehlen. Zwei ältere Frauen waren offenbar auf dem Weg zum Friedhof, beladen mit Gartenwerkzeug und großen Körben. Karin hatte die eine schon oft gesehen, eine Frau mit freundlichem, rosigem Gesicht, die immer in die Runde lächelte, bevor sie sich aufseufzend setzte. Heute trug sie weiße Stiefmütterchen in ihrem Korb. Das letzte Mal waren es Primeln gewesen. Die Frau hielt den Korb in Brusthöhe und schützte die Blüten mit der Hand.

Die Straßenbahn klingelte anhaltend und bremste scharf. Karin wäre gefallen, wenn sie nicht im letzten

„Reichskristallnacht" Besser: Reichspogromnacht, 9./10. November 1938, Ausschreitungen gegen Juden

> *„Zigeuner"*
> Oft abwertend für Roma/Sinti
> *Adolf*
> Gemeint ist Adolf Hitler

Augenblick nach einer Lehne gegriffen hätte.
Hinter ihr schrie eine Frau auf.
Karin drehte sich erschrocken um. Eine dunkelhaarige Frau mit strengem, hagerem Gesicht rieb mit dem Handrücken über ihr rechtes Auge. Die Straßenbahn fuhr ruckartig an. Die dunkelhaarige Frau wandte sich an das Mädchen mit dem Schal: „Können Sie nicht sagen: Entschuldigung?"
Das Mädchen zuckte mit den Schultern. „Wofür?"
„Sie haben mich getroffen am Auge. Mit Schal." Die Frau sprach langsam und überdeutlich, sie hatte einen fremden Akzent und ihre Stimme war scharf.
Das Mädchen sagte: „Ich habe es nicht bemerkt."
Das Mädchen wandte sich ihrem Freund zu. Er legte den Arm um sie. Die beiden flüsterten miteinander.
Karin erwartete, dass sich die Fahrgäste nun über die Rücksichtslosigkeit der heutigen Jugend verbreiten würden. Aber die alte Frau mit den Stiefmütterchen sagte: „Wird schon nicht so schlimm gewesen sein."
„Gehört sich entschuldigen", beharrte die dunkelhaarige Frau.
Der Mann, der ihr gegenübersaß, ließ seine Zeitung sinken. „Wenn es Ihnen hier nicht passt, dann gehen Sie doch zurück, wo Sie hergekommen sind."
„Ja, gehen Sie nur!", rief eine schrille Stimme.
Karin sah die Sprecherin nicht, sie stand hinter einem großen, breitschultrigen Mann.
„Sitzt da, während unsere eigenen Leute stehen müssen, und regt sich auch noch auf!"
„Was will die denn überhaupt?"
„Sicher eine *Zigeunerin* . . ."
„. . . frech auch noch . . ."
Jede Bemerkung wurde mit Zustimmung aufgenommen, lockte weitere, immer feindseligere, heraus.
„Ruhe!", rief der Fahrer in sein Mikrofon.
Es wurde noch lauter.
Das Mädchen mit dem Schal begann zu weinen. „Das habe ich nicht gewollt! Das habe ich wirklich nicht gewollt!"
Karin war nicht sicher, ob das Mädchen zu ihrem Freund sprach oder zu der Frau, die steif dasaß, die Hände im Schoß gefaltet. Die Falten in ihren Wangen gruben sich tiefer ein.
„. . . da gehört eine starke Hand her, die Ordnung macht mit solchen Leuten . . ."
„. . . man sieht ja, wohin das führt – im eigenen Land kann man sich nicht mehr rühren . . ."
Sagten sie das alles wirklich? Diese Gespenstersätze? Sie sagten es und mehr. Bis zu „. . . unter *Adolf* hätte es das nicht gegeben . . ."
Das Mädchen mit dem Schal schluchzte. „Ich halte das nicht aus!" Sie drängte sich zur Plattform vor; man ließ sie durchgehen. Ihr Freund folgte verwirrt. An der

nächsten Haltestelle stiegen sie aus. Karin wäre am liebsten auch ausgestiegen. Sie hatte Angst.

„Ruhe, oder ich lasse den Wagen räumen!", rief der Fahrer ins Mikrofon.

„Das wird ja immer schöner. Hält der auch noch zu dem fremden Gesindel..."

„... und die sitzt da, als ob sie das alles nichts angeht..."

Karin sah sich verzweifelt um. Warum sagt denn keiner was dagegen?, dachte Karin. Wenn doch wenigstens einer da wäre... Karin wurde weiter nach vorn geschoben. Sie stand jetzt neben der Frau, die mit weit aufgerissenen Augen vor sich hin starrte.

Karin drehte sich weg. Sie wollte die Frau nicht so anstarren.

„... aber Kinder wie Karnickel..."

„... traut man sich als Frau kaum mehr, nach zehn auf die Straße zu gehen..."

„... da kann einer sagen, was er will. Damals war das alles ganz anders..."

Selbst die alte Frau, die ihre Stiefmütterchen so liebevoll schützte, hatte einen bösen Zug um den Mund. So mussten die Gesichter ausgesehen haben in der *„Kristallnacht"*. So mussten die Stimmen geklungen haben.

Karin holte tief Atem. „Was hat denn die Frau getan?", fragte sie.

„Die hat doch nichts getan!"

Die Gesichter kamen noch näher. Karin spürte eine Bewegung hinter sich. Ihr Herz klopfte sehr hart.

„Du hast dich da gar nicht einzumischen, verstanden?"

Karin machte sich schmal, zwängte sich zum Ausgang durch. Die nächste Station ist ohnehin meine. Sie drückte auf den Knopf neben der Tür. Die rote Schrift leuchtete auf.

Plötzlich sah sie aus dem Augenwinkel, wie ihr am anderen Ende des Wagens jemand zunickte. Sie sah zuerst nur die Bewegung, dann den weißhaarigen Kopf. Der Mann nickte noch einmal, lächelte ihr zu, fast ohne den Mund zu verziehen.

Wir wären zu zweit gewesen, dachte Karin.

Nur hätte ich mich viel früher trauen müssen.

Ich hätte früher den Mund aufmachen müssen.

Ich habe zu lange gewartet.

Aber immerhin.

- *Welche Vorurteile und Feindbilder kommen in der Erzählung vor?*
- *Überlege, wozu Fremdenfeindlichkeit in der Geschichte geführt hat?*
- *Nur wenige Menschen bringen den Mut auf, „gegen den Strom zu schwimmen." Wie denkst du darüber?*

Wien, Linie 38

Über „die Jugend"

- *Gibt es „die Jugend" überhaupt?*
- *Welche weiteren positiven und negativen Vorurteile der Jugend gegenüber kennst du noch?*

Also ... neulich hat sich wieder jemand aufgeregt im Bus – „die Jugend", die sei nun wirklich furchtbar, faul, frech, verwöhnt, verhascht und überhaupt.

„Die Jugend" waren zwei kecke Knaben, die Gummibärchen auf die Fensterscheiben klebten. Wirklich skandalös.

Toll, wie manche Leute „die Jugend" schildern können, wie schnell da ein fertiges Bild gemalt ist (wahlweise geeignet für die „Fremden", die „Farbigen", die „Frauen" oder gar die „Gesellschaft").

Die Jugend. Die Jugend lungert auf der Straße herum, lernt nichts, ist arbeitslos und hat keine Zukunftschancen.

Die Jugend büffelt in der Schule um Noten.

Die Jugend steht auf den Gängen der Arbeitsämter herum und gilt als renitent, wenn sie nicht Bäcker werden will, sondern Automechaniker. Dann eben kein Job, aus.

Die Jugend färbt sich die Haare grün oder lila und findet Neonlicht gemütlich.

Die Jugend ist bei den Pfadfindern und organisiert Freizeit mit Behinderten, oder sie putzt alten Leuten die Wohnung.

Die Jugend liegt besoffen in Parks und Bahnhöfen.

Die Jugend arbeitet bei Amnesty International und isst kein Fleisch, um den Tieren damit zu helfen.

Die Jugend stellt Weltrekorde im Sport auf ... Die Jugend ...

Verwendete Literatur

Texte (gekürzt und vereinfacht):

Auftaktseiten
Gedicht: Feindbild, aus: Pausewang Gudrun, Ich hab einen Freund in Leningrad, Otto Maier Verlag, Ravensburg 1986, S. 118.

Der neue Freund
Gadow Jürgen, Der Berg des Unheils, dtv-junior, 70572, München 1999, S. 103 –120.

Überlass uns diese verdammten Ausländer . . .
Zitelmann Arnulf, Unter Gauklern, Gulliver Taschenbuch 21, Beltz und Gelberg, Weinheim 1987, S. 168 –174.

Tolerant? . . . das sollten beide Seiten sein!
Parigger Harald, Geschichte erzählt, Cornelsen, Frankfurt/Main 1994, S. 260 – 263.

Der Prozess „Frados"
Orgad Dorit, Der Junge aus Sevilla, dtv-junior, 70313, München 1994, S. 156 –162.

„Können nicht diesmal die Franzosen gewinnen?"
Fährmann Willi, Es geschah im Nachbarhaus, Arena, Würzburg 1990, S. 83 – 90.

Die Puppe
Bruckner Winfried, Die Puppe, in: Österreich erzählt 2, ÖBV, Wien 1989, S. 106 –108.

Nur für Weiße!
Tillage Leon Walter, Leons Geschichte, Beltz und Gelberg, Weinheim 1998, S. 75 – 80.

Tante Wilma riecht nach Knoblauch
Pausewang Gudrun, Ich hab einen Freund in Leningrad, Otto Maier, Ravensburg 1986, S. 65 – 68.

Fremde sind Leute
Laub Gabriel, aus: Gisela Klemt-Kozinowsky u. a. (Hg.): Platz zum Leben gesucht, Lesebuch Asyl, Signal, Baden Baden 1987. Zitiert nach: Auslesebuch 2, ÖBV Wien 1995, S. 211.

Der Griff in den Teller
Pausewang Gudrun, Ich hab einen Freund in Leningrad, Otto Maier, Ravensburg 1986, S. 14 –19.

Jossi kann kein Arabisch
Steinvorth Klaus, Achmed, der Aufstand der Kinder, Ensslin & Laiblin, Reutlingen 1993, S. 38 – 45.

Ich hätte viel früher den Mund aufmachen müssen . . .
Welsh Renate, Linie 38.

Über „die Jugend"
Heidenreich Elke, Also . . . tomate, Reinbek 1988, S. 20/21.

Lesetipps

Gadow, Jürgen, Der Berg des Unheils, dtv-junior 70552, München 1999.
Spanien, Ende des 12. Jahrhunderts: Liuthar, ein Christ, gerät in moslemische Gefangenschaft und schließt nach anfänglichem Misstrauen mit Zaid Freundschaft.

Zitelmann, Arnulf, Unter Gauklern, Gulliver Taschenbuch 21, Beltz und Gelberg, Weinheim 1987.
Martis, der aus einem Kloster geflohen ist, trifft das Romamädchen Linori wieder, gemeinsam erleben sie ein Stück mittelalterliche Geschichte.

Engelhardt, Ingeborg, Hexen in der Stadt, dtv-junior, München 1996.
Ein Arzt kämpft gegen die Hexenrichter, die in einer süddeutschen Bischofsstadt wüten.

Orgat Dort, Der Junge aus Sevilla, dtv-junior 70313, München 1994.
Manuel, ein Jude, verliebt sich in Violanti, deren Familie bereits im Kreuzfeuer der Inquisition steht und bringt damit sich und seine Familie in Gefahr.

Ross, Carlo, . . . Aber Steine reden nicht, dtv-junior 78016, München 1999.
Der zehnjährige David zieht mit seiner Mutter in ein Viertel, wo Christen, Juden, Sozialdemokraten und Kommunisten, Nazis und Mitläufer in engster Nachbarschaft miteinander leben. Der Druck der Nazis wird von Tag zu Tag stärker . . .

Krausnick, Michail, Da wollten wir frei sein, Gulliver Taschenbuch 715, Beltz und Gelberg, Weinheim 1993.
Vier Generationen einer Sinti-Familie erzählen über sich, ihr Schicksal, ihre Lebensweise und über uns.

Lingard, Joan, Der zwölfte Juli, Otto Maier Verlag, Ravensburg 1999.
Kevin und Sadie wohnen beide in Belfast und doch leben sie in verschiedenen Welten. Kevin ist katholisch, Sadie Protestantin. Kurz vor dem 12. Juli, einem Festtag der Protestanten, beschließen Kevin und sein Freund den verhassten Nachbarn eins auszuwischen.

Schwarz, Annelies, Hamide spielt Hamide. Ein türkisches Mädchen in Deutschland, dtv-junior, 7864, München 1993.
Das türkische Mädchen Hamide geht in eine deutsche Schule, ist dort aber isoliert und ständig Hänseleien ausgesetzt. Als sich ihre Situation endlich bessert, soll sie in die Türkei zurück und dort heiraten.

Bildnachweis

3/ 1	Tiroler Volkskunstmuseum Innsbruck
4/ 1	aus: Erziehung und Unterricht 9/10, 1987, S. 584 (Zeichnung Pax)
4/ 2	aus: G. Klemt-Kozinowski u.a., Andorra ist überall, Baden-Baden, Signal-Verlag 1990, S. 73 (Karikatur Ernst Hürlimann)
5/ 1	aus: Jürgen Gadow, Der Berg des Unheils, dtv, München 1999, Titelbild (Dieter Wiesmüller)
6/ 1	aus: Lexikon 2000, Bd 1, Stuttgart 1970
8/ 1	Günther Plass, Wien
10/ 1	aus: Arnulf Zitelmann, Unter Gauklern, Beltz & Gelberg, 1987, Titelbild (Peter Knorr)
12/ 1	aus: Arnulf Zitelmann, Unter Gauklern, Beltz & Gelberg, 1987, S. 2
16/ 1	Bildarchiv ÖNB, Wien
16/ 2	Bildarchiv ÖNB, Wien
19/ 1	aus: Geschichte mit Pfiff 5/ 2001, S. 29 (AKG, Berlin)
19/ 2	aus: Geschichte mit Pfiff 5/ 2001, S. 29 (Ausschnitt) (AKG, Berlin)
20/ 1	Edition Leipzig/ Pinkert, Leipzig
22/ 1	Österreichisches Museum für Volkskunde, Wien
24/ 1	AKG, Berlin
26/ 1	AKG, Berlin
29/ 1	Deutsches Historisches Museum, Berlin
31/ 1	aus: Leon Walter Tillage, Leons Geschichte, Beltz & Gelberg, 1998, Titelbild
32/ 1	aus: Erinnern und Urteilen 10, Klett, Stuttgart 1992, S. 55 (Bettmann Archive, New York)
34/ 1	aus: Gudrun Pausewang, Ich hab einen Freund in Leningrad, Otto Maier Verlag Ravensburg 1986, S. 67 (The Associated Press, Frankfurt / Helmut Fricke)
36/ 1	aus: aus: Gudrun Pausewang, Ich hab einen Freund in Leningrad, Otto Maier Verlag Ravensburg 1986, S. 17 (foto-present, Agentur für internationale Bilddokumentation, Essen)
38/ 1	aus: Leah Levin, Menschenrechte, Löcker Verlag 1983, S. 82 (Plantu)
39/ 1	aus: Klaus Steinvorth, Achmed, Der Aufstand der Kinder, Ensslin 1993, Titelbild (Brigitte Pönnighaus)
40/ 1	Ludwig Pesak
42/ 1	aus: Die Presse, 5. Jänner 2001 (Photo: reuters)
44/ 1	Michael Wandl, St. Andrä Wördern
45/ 1	Michael Wandl, St. Andrä Wördern
46/ 1	aus: Zeiträume 7, Klett, Stuttgart 1997, S. 116 (Klaus-Ulrich Meier, Petersberg)

Nicht in allen Fällen war es uns möglich den Rechteinhaber der Abbildungen ausfindig zu machen. Berechtigte Ansprüche werden selbstverständlich im Rahmen der üblichen Vereinbarungen abgegolten.